南海トラフ大地震に備える

ある電気通信事業従事者の阪神淡路大震災の記録

坂本一之
SAKAMOTO Kazuyuki

文芸社

南海トラフ大地震に備える

ある電気通信事業従事者の阪神淡路大震災の記録

——目次

前書き　11
某ＩＣＴ事業会社神戸支店着任（一九九四年四月一日）　12
地震当日（一九九五年一月十七日）地震発生時　13
出　勤　15
いざ出発　18
神戸へ　19
神戸支店の拠点　21
私の任務　私は災対室に入らない　22
余　談　23
私のなすべき仕事は自分で決めた　24
最初の食事　27
余　談　29
食料の確保と配送　30

全国からの支援　物資の支援（工事用機材は別ルートで供給等の体制は確立している）　31
人的支援　33
元気なスポーツマン支援　35
支援者の装備　36
特異な支援物資　37
弁当の供給　38
北陸のネットワークセンターの方々ごめんなさい　40
全国から七千人の支援　ロケーション　41
人と車両置き場の分離　42
止まった電話、再び始動……　43
余　談　45
ごめんなさい、あれは私です　46
この電話が止まったら責任はあなたに　47

疲労困憊　49
ホームレスになれるな？（ホームレスの方ごめんなさい）　51
余　談　52
いろいろな社員　52
この会社の幹部になってほしかった　54
番号案内業務の方々　56
どちらの企業の方？　豪勢な　57
水が出ない　58
弁当を捨てている奴は誰だ　59
派手な服装で少し誤解が　62
人使いが荒い課長　64
反社会勢力　65
友よ安らかに　67

余　談　70
今そこにある危機１　70
今そこにある危機２　72
今そこにある危機３　75
温度差　77
余談　君たちも現地を見なさい　79
それはないでしょう　81
無料通話　一般公衆電話　84
特設公衆電話　85
郵政さんそれはないでしょ（特設公衆電話は即刻廃止せよ）　86
余　談　89
今の小学校教育は……　90
料金請求　91

マイナス1から　92
当社は恵まれた大企業　94
被災地で見聞きしたこと　97
華僑の方々のバイタリティ　98
目先の千円　99
俺が誰だか知らんのか　100
お風呂に入りたい、自衛隊さんありがとう　101
ヘリコプターの駐機場　102
新神戸支店　103
余　談　105
おおいに余談1　106
おおいに余談2　106
自分の命は自分で（幸いに労災事故はなかった）　107

自分の命は自分で（不幸にも労災事故が発生しだした） 109
火災が全て終息してから、また火災が 110
その手があったか（Oガスさんさすがです） 112
横浜市で　お亡くなりになった方はどうするの？ 113
消防職員の本当の姿 115
本当の死亡時刻は 118
今年の冬は厳冬だったか暖冬だったか…… 121
本当に伝えたいこと 122
来るべき大災害に際し一人でも犠牲者を少なくしたい 123
防災倉庫に必ず準備しておいてほしい物 124
つらい体験その一 125
つらい体験その二 127
不具合な規制（大規模災害時には各種の規制緩和を）医療行為 129

危険物取扱等（運用緩和を） 130
議員の皆様にお願い（議員立法） 131
通信事業に携わる方々へ 132
南海トラフ地震に備えて 133

前書き

二〇二五年の一月で、あの阪神淡路大震災から三十年が経過いたしますが、その記録も記憶も風化してきております。

震災の起きた時期が近づくと、やはりその話が時々俎上に上ることがあり、当時ＩＣＴ事業を行う会社の神戸支店に勤務していた私は、その時に経験したことを語ることがありました。

悲惨な光景の記憶もまだ鮮明に残っており、あまり話したくはなかったのですが、そのお話をした時に周囲の人から、それは記録に残すべきだ、とよく言われました。

当時では差し障りがあってお話しできない事柄も含めて、震災後三十年のこの節目に、近い将来に確実に訪れるであろう、南海トラフ大地震に対して、少しでも私の経験が役に立てばと、記憶が薄れる前に今回書き残すことにいたしました。

ただし、私は震災後に兵庫県の通信担当の防災官を三年間務めましたが、その時外部から聞いた情報もあります。私がじかに体験していない事柄は伝聞ですので、さもありなんと思われる事柄だけを記載しましたが、事実と異なることもあることをお含みおきください。

某ICT事業会社神戸支店着任（一九九四年四月一日）

震災の前年まで、私はICTインターナショナルに所属していて、国際関門伝送・交換装置の方式担当部長をしており、アメリカと日本の間を行ったり来たりしていまして、時々スイスのジュネーブへも。その時の住居は神奈川県川崎市麻生区麻生、駅で言えば小田急線の新百合ヶ丘の近傍に住んでおりました。

当時の私の上司はTという方で、後に某通信建設会社の社長になられた方。東南アジアのある国の電気通信会社の副社長として出向される予定で、「お前も設備技術担当の責任者で来い」と言われたのですが、なにせ私はお腹が弱く、アメーバ赤痢等に罹患《りかん》するのは嫌なので、わがままを言って神戸に転勤をさせていただきました。

ご存じの通り関東圏では、九月一日の防災の日には小・中学校では防災帰宅訓練をします。私の家では、備蓄の賞味期限が切れそうな食料品を食べて新品を補充、神戸に着任後は備蓄の天然水は私のウィスキーの水割り用として全て消えていました。そこへ突然、予想だに、すら、さえしなかった大地震。本当に驚きました、まさか神戸で大地震が起こるとは。

地震当日（一九九五年一月十七日）　地震発生時

妻と私と三歳になる娘とは一緒の部屋に寝ていて、上の二人の息子たちは別の子ども部屋で寝ていました。

六時前頃に、突然「ゴーッ」という不気味な音と共に強烈な揺れが襲ってきました。当時私は六甲山を挟んで神戸市の裏側、神戸市と宝塚市と三木市に隣接する三田《さんだ》市のウッディタウンという所に住んでおりました。

ベランダ側のガラス戸が凄く軋《きし》み始め、家が壊れそうなので、今となっては全く意味不明なのですが、私は「分かった分かった、あんたは凄い、もう止めて」と、何に対してそう言ったのか、自然を支配する神様に向かって言ったのか、馬鹿馬鹿しいけれど、その時私はそう本当に口に出して言いました。

妻はさすがで、咄嗟《とっさ》に娘の上に覆い被さり、「あなた、こ、こ、子ども!!」と。

間抜けな私は、「お、お、そうだそうだ、子どもを」と思い、起き上がろうとしたのですが、ベッドの上で体がポンポコロリン、起き上がれない。それでも辛うじて立ち上がり、子ども部屋へなんとか向かいました。

二人の子どもを引き寄せベッドの下へ押し込み、「私がいいと言うまでそこから出るな」と、叫びました。

後で聞いてみると上の子は、「何かジェットコースターに乗っているようだ」と言っていて、怖がっている様子はなかったのですが、下の子は、「地震よりお父さんのほうが余程怖かった」と言っておりました。私も切羽詰まって知らず知らずに怒鳴っていたのかもしれません。

階下に下りると「ジャリ」と足元から変な音が聞こえてきました。照明器具や人形ケースや額縁のガラスが落ちて割れて散乱していて、それを踏んだ音でした。床はフローリングですが、我が家はお金がないので絨毯は敷いていなかったためにスリッパを履いて歩いていました。

貧乏も怪我の功名、もし絨毯を敷いてその上を素足で歩いていたら、多分足の裏は血だらけだったことでしょう。

出勤

幸い停電はしておりませんでしたので、テレビをつけると、京都駅の様子が映っていました。静かでそんなに被害もなさそうでしたが、まだ他の情報も全くありませんでした。そうこうするうちに、神戸でどうも火災が発生している模様だと電話で誰かが伝えているらしい、程度の情報の報道しかテレビではありませんでした。

勤め先の神戸支店に電話をすると、当直が電話に出て、災害対策要員が逐次駆けつけているようで、私にも来てくださいとのこと。当時それほどの大災害が発生しているとは思わなかったのでしばし静観、そして出勤時間も近づいてきたので早めに出勤しました。バスは予定時刻に来て、乗ると普段通り。でも駅に着くと表示板は一切消えていて、情報が何もありませんでした。そうこうするうちに、バスや車で通勤客が続々と集まりだし、そこら中が人で溢れかえってきました。それでまたバスに乗り一旦家に帰ることにしたのですが、同じ考えの人ばかりのようで、帰りのバスは満員のぎゅうぎゅう詰め。やっと家に帰り着きましたが、まだテレビでは詳しい情報はなく、それで車で出勤することにしました。

ニュータウンを抜けるまでは順調だった道は次第に混み始めて、ついに身動きがとれなくなってしまいました。Uターンもままならず、それで田んぼのあぜ道を見つけて迂回して、ようやく家に引き返すことができました。

後で分かったのですが、中国自動車道の西宮北インターから先が通行不能で、そこで西から来た車を全て降ろしていましたので、先へ行けば行くほど混んでいるのは当然でした。帰り着くと九時を過ぎていましたので、震災被害の現状も分かり、テレビでは阪神高速道路が橋脚ごと倒壊している映像が流れていました。

これは大変だ、と支店の災害対策室へ電話をすると（この時はまだ電話は通じていた）、「災害対策要員は続々と集まってきてはいますが大変な事態になっております、至急来てください」とのこと。

それで、妻に「スーパーに行って何でもいいから買えるだけの食料品を買ってきて」と食料品の調達を頼み、私はミニバイクに5リットル入るポリタンクを積んでガソリンスタンドへ向かいました。本来ガソリンは携行缶にしか入れてはいけないのですが、ガソリンスタンドの人も状況が状況なだけに黙ってガソリンをポリタンクに入れてくれました。

　妻が帰ってきましたけれど、「もう何もなかった、ただ粉末のポタージュスープしか買えなかった」と申し訳なさそうに差し出しました。それで妻に「ご飯を炊けるだけ炊いておにぎりを作ってほしい」と頼んで、私は出掛ける準備にかかりました。

　前日は雪で、六甲山は真っ白。その時は知識不足で知らなかったのですが、トンネルは堅牢に作られていて、少々の（大地震ではありましたが）地震では崩れない。しかし映画等で地震で崩れていく映像を見ているので、ここにトンネルがあるので多分通れないと思い、あの真っ白は六甲山を越えなければならない。ならば倒木があれば切り倒して、とのこぎりを、越せない倒木や障害物があった場合にはバイクを吊り上げてでもと、ロープを、雪で滑るかもとバイクのタイヤに巻く針金と縄を、懐中電灯とポケベルの電池も入れ替えて、着替えと出来立てのおにぎりと、ポタージュスープと3リットルの水と5リットルのガソリンも準備しました。

　瓦礫で足元は多分危ないので、厚底の紫色のスノーブーツ、服装は下のズボンも派手なグリーンのスキー用のオーバーズボンを履いて、上着も黄色のスキー用ウェア、ヘルメットは赤、防寒を考えてベストの選択と思ったのですが、あまりにも配色が派手だったので、大したことはなかったのですが、後々少し誤解を招くことがありました。

いざ出発

準備を整え、多分現地ではトイレは使えないから便秘になるようにと（私の場合です）、正露丸を6粒ほど飲んで、ミニバイクでさあ出発しようとした時に、妻は小学生の上のお兄ちゃん二人と末っ子の三歳になる娘とを整列させて無言で私を見送らせました。

妻よ、よーく分かった。「あなた、変な男気を出して危険に身を晒さないでね、子どもたちまだ小さいのよ、分かってるわよね」と、十分聞こえたよ。

重い荷物をリュックに詰めて、準備を整えいざ出陣。待ち受けているであろう困難と、よしやるぞ、との気概と覚悟とが綯《な》い交ぜに。戦場に行く兵士はもっと凄い覚悟だろうな、と変な考えがふと。

神戸へ

幸いトンネルは崩れておらず通行が可能でしたが、道路は車で数珠繋ぎの列。でも幸いミニバイクなので路側をすり抜けて案外スイースイーっと、と言っても平均時速15キロ弱程度でしか進めませんでした。

途中、X通信基地とY通信基地と無人局のZ通信基地をチェックしました。交換機が動いているのと、電気と水道も使えることを確認、X通信基地は小さいのですがY通信基地はでかく駐車スペースも広いし、確か3階は全て空いているはずでスペースがあります。Z通信基地も基地に使えると思いました。

場合によってはY通信基地を拠点に使うことになるかも、と念のためぐらいに漠然と考えていましたが、災害規模が予想を遥かに上回るものでしたので、後日重要拠点の一つになりました。

私の住んでいた三田市から神戸市間の主要道路は通称「有馬街道」と呼ばれていて、三田からは六甲山を越えて、神戸市の平野《ひらの》という所に着きます。天王谷《てんのうだに》を越え上祇園町《かみぎおんちょう》の辺りになると展望が南側に開けていて、神戸市街が一望できます。ただし西側の長田《ながた》方面は山影で見えないので、火事の煙は視界に入りません。ですから車の渋滞以外は街は平穏に見えました。

しかし、祇園町辺りまで降りてくると景観は一変、家がいっぱい壊れていました。一番印象に残ったのは、二階建てのアパートが全壊しているのですが、どういう訳か二階に伸びる水道管のビニールパイプだけが残って、にょきっと立っている。そしてそこから水が噴き出している。それを下でバケツで受けている人の列がありました。貯水槽も水道管もひび割れているので、漏水でそのうち水は止まることになるのですが、その時点ではまだ水が残っているようでした。

その光景が妙に今でも印象に残っていて、やはりこれは大変なことが起こっていると実感した瞬間でした。

市内に入ると、瓦礫の山。交差点では信号機が全て止まっていました。しかし不思議なことにその交差点では車が互いに譲り合いながら交互に通行をしていました。

あり得ない、鼻先をつっ込んだら勝ち、それが関西流、ここは東京か?

（今は知りませんが30年程前の東京では、車は先を交互に譲り合って通行をしていました）本当に驚きました。

元町商店街もアーケードが崩れて通れなくなっていて、なんとか通れる道を探して支店にやっと着きました。

神戸支店の拠点

通常、災害対策室（今後は略して災対室）はSビルに設置してあるのですが、Sビルはかなり崩れていて危険、旧神戸都市管理部であったMビルは被害がもっと酷く撤去しかない状況なので、災対室も含めて被害の少ないレンガビル（大丸の南側）へ全員集まることになりました。

私の任務　私は災対室に入らない

ＩＣＴ事業会社に社名を変更する前身会社の時代から、災害や大規模故障に備えて、保全部門に災害対策室（本部）なるものが設けられていました。常設ではなく、その要員は普段は通常業務を熟《こな》していますが、事が起こると災対室に集合して、その対応に当たります。

例えば大規模故障時の対応時には二種類の任務があります。一つは世間への広報、つまり現状と特にいつ回復するかの見通しを立てて広報を行うための正確な情報収集。もう一つは故障を早急に回復させるための技術を含めた支援。従って事が起こると、二種類の人員が派遣されます。現場は故障を直すのに手いっぱいなので、その邪魔にならないように、しかも正確な状況を把握・整理して逐次災対室に情報を入れる連絡要員と、故障そのものを直す手助けをする技術支援要員（当然技術支援要員は経験と専門知識を持った人間が当たりますが、場合によっては兼務することもあります）。私は主に技術支援要員のほうでした。

現ＩＣＴ事業会社でも設備部門に所属する社員は毎年災害対策演習を行っていましたので、規模が違うとしても対応はそれなりに出来ます。

それとその当時の設備企画部長は能力的にも人間的にも大変よくできた人物で、Ｉ市にある住居も被災して本人も頭部に負傷をしているにも拘らず、血の滲む包帯のまま駆けつけてきた責任感ある人物ですので、彼に任せておけば災対室は大丈夫。それで私が入る必要はないと思ったので、経験はありましたが災対室には入りませんでした。

余談

脱線いたしますが、私が保全部にいた五十年ほど前には、台風来襲時に今のように時々刻々と変わる天気の正確な気象予報図などを見ることは出来ませんでした。それで災対室には正確な緯度と経度とが記載されている日本地図が彫り込んである黒板が置いてあり、また気象庁とのホットラインがあって、台風等の接近時にそのホットラインには定期的に数字情報が流れてきます。その聞き取った数字を表に当て嵌めます。例えば5は2、6は4のように。これは5は台風の進路の方向に関する情報で、2は北北西を指し、また3は北西、次の6は風速を表し、4は30メートルなど。それで数字を間違いのないように二回聞きながら、該当する番号に丸を付けて、その丸に当たる言葉を別の様式に書き入れていくと、台風情報に関する文章になるのです。

聞き取りに二分、文章完成に五分、合計十分足らずで完了。

その情報を、黒板に記載して進路予測を行い、その進路に当たる拠点の管理者は待機、工事部門は資材・機材の点検、不足資材の調達の指示を出します。台風予想に関しては今とは雲泥の差、余談ですが懐かしく思い出しました。

私のなすべき仕事は自分で決めた

神戸支店へ転勤になる十年ほど前に、私は東京の多摩地域にあるC学園という所で教官をしていました。

Ｃ学園では、管理者の研修、最新技術の教育研修、そして最上級技術者の育成研修と、後はＪＩＣＡ受託のコロンボ計画（発展途上国の通信技術系幹部の育成）研修が主な業務でありました。

最新技術も普及期に入りますと、大量の建設と保守要員の研修が必要なので、その普及研修は全国11か所にある地方通信学園に任せることになりますが、そのための教官の育成も急務となり、私は前述の最新技術とコロンボ計画研修を担当すると共にこの他に、この地方学園の教官を育てる教官科の教官もやっておりました。

話は長くなりますが、研修期間中に息抜きのために研修生と何回か飲み会を催します。そこで中国地方から来た研修生と話していた時のこと。話題が一九八三年に起こった島根県の浜田豪雨のことになりました、私には災対室勤務の経験もあったので興味をもって聞いていましたが、その時に何が一番大変だったかという話がありました。

彼は、現地の応援に行って、二、三週間程度ならなんとか頑張れるが、それが何か月も続くと兵站《へいたん》が大変で苦労したこと。災害復旧に使う機材の調達はともかく、食う、寝る、排泄、この長期にわたる兵站は誰も経験をしたことがなく、この兵站を維持するのは本当に大変だったと。

前置きが長くなりましたが、この時そのことが頭にあったので、今回の災害は浜田災害の比どころではない、誰も経験がなく絶対に困難を伴うであろう兵站をやろう、とそう思いました。

それと、想定できない多種多様な困難も当然発生する。だから、いつでも、どこでも、何にでも、臨機応変に対応し動けるように、私はフリーハンドでいようとも思いました。

後で考えるとこの判断は正しかった。このような大規模災害時には冷静に全体を俯瞰して、優先度を考えて即決即断出来る、そして的確な指示を即座に出す、それが出来るそれなりの地位の人間がフリーで自由に動けるポジションにいる、そのような存在は欠かせないと思います。

それと、このような混沌とした未曾有で未経験な事態に遭遇した場合には、とにかく今ある情報で即断即決すること。右と決めてすぐに右へと走りだせば、もしそれが違っていた時にも、左へ舵を切る時間も手段もまだあります。それを机上でうだうだと検討をして時間を浪費して右へ走りだした時に、その判断が間違っていたら、もう左へ舵を切る時間も手段も残されていない最悪な事態に陥ってしまいます。

机上でいくら検討をしても、所詮それは机上でのこと、その検討に費やしている時間にも現実の状況は時々刻々変化しています。とにかくリスクを負って即断即決してまずはアクションを起こすこと。残念ながら押しなべてこのＩＣＴ事業会社の人間はこのような事態には弱いと思います。

ある程度の役職の人間は、この即断を八〇パーセントまでとは言いませんが、七〇パーセントぐらいは常に正しく判断出来なければ、その地位にいるべきではないと思います。

最初の食事

神戸市の山の手の上祇園辺りでは、前述のように水は出ていましたが、海辺に近い支店では途中で水道水は漏水してしまうのか、断水していて電気も来ていません。非常用予備灯は微かに点いていましたが、これも半日後には消えてしまいました。

まず、行ったことは動ける社員を集めて、手分けして残っている車両とガソリンをかき集めるくらいのことでした。兵站をと意気込んでみても、何にもない、皆はただ持参した水を各自で飲むだけでした。

二日ほど何にも食べるものがなかったですし、食料がいつ届くか分からない。それで私は持参したおにぎりは食べずに、最後の時のために取っておくことにしました。

最初に食料が届いたのは震災後三日目だったと思います。幕の内弁当が届きました。でも配送におそらく丸二日はかかっているはずなので、いただいた弁当の冷たいご飯には箸も立たないほどカチカチ。でも美味しかった。

神戸支店には労務担当の副支店長がいるのですが、彼は歯が悪くカチカチご飯はとても食べられません。そこで、曲がりなりにも弁当が届きだしたので、もういいかと秘蔵の私のおにぎりをあげました。私のおにぎりは妻がわざわざアルミホイルで包んだのをラップで巻き、さらにその上、ビニール袋に入れてくれていたので、水分が抜けず全く硬くなっていませんでした。

喜んでもらえました。その後随分時を経て、違う職場で彼に遇《あ》った時にも、「あの時のあのおにぎり、本当美味しかった、ありがとう」と、後々まで感謝をしていただきました。

それから、三日目に電気が来たので、ポットでお湯を作り、持ってきた粉末のポタージュスープを紙コップに半分ずつ入れて皆で飲みました、暖房もない真冬の厳冬期に温かなスープ、ホッと人心地、本当に美味しかった。妻がポタージュスープの粉末しか買ってこなかった時、「ご苦労様、ありがとう」とは言いましたが、内心ではガッカリしていました。「妻よごめん、本当にありがとう」と心で謝りました。

余談

余談ですが、この副支店長はとてもとても可哀そうで、震災当日の朝家を出て、四日後に帰ってみると家は灰になっていて家族は行方不明、夜中じゅう避難所を探し回りやっと会えたそうです。ご家族は無事だったそうでしたが。

これも余談ですが、神戸支店に当時は副支店長が三人いました。総括副支店長（私）と副支店長のソリューション営業部長、そして労組対応の副支店長（それが彼）。労組には兵庫支部という組織があって、兵庫県エリアすべての組合員の労働条件等の対労組交渉窓口が神戸支店にあり、特にこの県支部対応の労務担当副支店長が彼でした。

震災後、壊滅している神戸エリアの経済状況ではソリューション営業がまともにできないのと、三人も副支店長はいらないので、次年度の四月以降は、副支店長は彼と私の二人にしました。

食料の確保と配送

配送に二日がかりでも、なんとか少しずつ食料が届くようになりました、それで受け入れ準備と管理等の体制作り、またそれの配給体制作りも必要でした。

どこにどれくらいの人員がいて、どれくらい増えるか全くわからない。それで手分けして調査、そしてなけなしの車を使っての効率のよい配給ルートを確立しました。

施設系の社員は全員設備復旧に回っているので、総務・労務厚生・経理、そして各ビルの様子を知るために営業窓口系の社員を軸に動きました。

一週間もすると、食料受け入れ搬入係、その在庫管理と必要数の把握係、不足分の発注係、それを配送する係と分業が進み、回りだしました。これで大規模で広範囲に分散する支援部隊が来ても、なんとか回せる見通しがつきました。

日頃、事務系の社員は何かシャキッとしていないで物足らず、なんだろうなーと思っていましたが、やはり社員の質は高かった。マニュアルなんて当然ない、どうすればいいかを自分たちで必死に考え、試行錯誤をしながらシステムを作り上げてくれました。私の見込み違いであったことが嬉しかったことと共に、「今までごめんね」と、口には出さなかったのですが、「さすがです神戸支店の社員」。

全国からの支援　物資の支援（工事用機材は別ルートで供給等の体制は確立している）

まず、神戸支店に支援を一元的に受け付ける受付係を作り、その電話番号を、関西支社を通じて全国の支店に伝えてもらいました。それと共に「支援物資を送る際にはこの窓口に必ず一報を入れてください。さらにこちらからお願いする物資のみを送ってください」とアナウンスをしていただきました。

全国のこの会社の皆さんは、震災現地では混乱しているだろうから、現地の手を煩わせることなく必要であろう物資を選定して送る、それは被災地側のことを慮《おもんぱか》っての行動で、大変ありがたいのですが、この会社の社員の思考はほぼ均一化しているというか常識的というか、例えば氷砂糖の入った乾パンが各支店から送られてきます。合計すると1000個を超えて、あれ1、2回は食べることが出来ますが、飲み水もろくにない状況下では長期にわたって食べるのは無理です。でもせっかくだしもったいないし、処分に困りました(これは避難所に持ち込みました。一人に一個ぐらいしか行き渡らないので数も丁度よく、感謝はしていただけました)。

布団はもっと厄介でした。豪華な布団が全国から送られてきました。大型トラックで一回に五十組とか、それも夜中にもしょっちゅう到着します。狭い道路に車を止めて道を塞いでおくわけにもいかず、社員を真夜中に叩き起こして搬入をするのですが、置く場所がありません。と言って支店の前に山積みにするわけにもいかないし、本当に困りました。

そこで、ここも必要物資受け入れ配送係を作り、受領物資の在庫管理をリアルタイムに行い、常に必要な物資の種類と大まかな数量の把握が出来ている環境を作り、以後必要な物だけを送っていただきました。

一番困ったのはトイレです。簡易トイレが欲しい、工事現場で使うあれです。これをあちこちに頼むのですが、なかなか調達が出来ません。支店のトイレは水が来ないので使えません。私はそれを見越して自宅を出る時に正露丸を飲んで便秘にしていたので四日ほどは大丈夫でしたが、他の人はそうはいきません。食べた物はそのうちに出てくるので時間との競争、これにも困りました。

人的支援

全国から七千人の応援部隊が来るというので、どこでどう受け入れるかの検討のために、私は拠点の図面をもってミニバイクに乗り各ビルを回りました。ビルの管理は各営業所に任せていたので、どうなっているか現状の把握は必須です。やはり空いているはずのスペースが物置やガラクタ置き場、あるいは書類倉庫等に使用といろいろ。

工事部隊の第一陣は記憶が定かではないのですが、確か南大阪支店からだったと思います。引率者の施設部長にお礼を言った記憶があります。

夜、ある工事部隊が着いて、「『責任者を呼べ』と騒いでるので来てください」と総務担当の社員が言ってきたので行ってみました。私は当時四十六歳だったのですが、童顔のためか随分若く見られます。三十代中頃かとも言われたこともあります。それがチャラチャラしたゲレンデにでもいるような、前述のような派手な服装で現れたものですから、怒りに火を付けたようで、「責任者を出せと言っているのにお前は何だ」と開口一番引率者らしき人物が怒鳴りました。「私が責任者です、ご用件は？」。すると、「お前がか」と言った後、「朝六時前に出発して十二時間以上かけてやってきてやっているのに食うもんもないんか」と。私は「申し訳ないのですが、ありません。我々もここ二日間何も食べておりません。遠くから駆けつけていただいているのなら、その途中にコンビニ等もあったでしょう、そこでおにぎりでも調達していただき、その半分でも分けていただければ、どんなにありがたかったか」、そう返すと、彼はなにも言わなくなったので、引き上げました。

反対に、九州から来ていただいた支援部隊、食料はもちろん、鍋、釜、コンロにテント、おそらく寝袋も。さらに可搬型発電機とそのガソリンまでも携えて来てくれました。可搬型発電機は本当に欲しかった機材の一つでした。

拠点局の空いているコンクリート打ちっぱなしの機械室に案内をして、「このようなところしか用意が出来なくて申し訳ない」と言ったらその責任者は、「いやいや室内とは有り難い。野営のつもりでした」と。九州地方は台風の通り道なので、このような事態の対応に慣れているのかな、と思いました。でもその言葉は涙が出るほど嬉しかった。九州から何日もかけてやってきてくれた。本当に感謝しかありませんでした。

九州の皆様本当にお世話になりました。あの時に可搬型発電機まで置いて帰っていただき、おそらくまだ返していませんが、本当にありがとうございました。それに比べて同じ近畿であるのに、あの部隊は……。

元気なスポーツマン支援

水20リットル入りのポリタンク二つを両手で持ち、もう非常灯も消えている真っ暗な階段を上っていく。何も食べていない身にはかなり辛い。三、四回階段を上り下りすると、腰にくる。それで腰を痛めた人も出始めました。また布団もそう、支店で空いているスペースは九階の食堂しかありません。そこを寝るスペースにするわけで、そこへ布団を運ぶのですが、背中に布団を載せて両手で支えて、階段を九階まで上っていかなくてはいけません。これは本当にきつかった。足と膝はがくがく、手には握力がなくなってくる、皆へとへとに。でも工事に出ていた人たちは危険と寒風に身をさらしながら、くたくたになって帰ってくるのだからと、必死で頑張りました。

たぶん支店からの要請ではなく、関西支社のほうで考えて手配をしてくれたと思いますが、社名変更前の時代から野球部をはじめとして、ラクビー部等の社会人クラブが各支社にあり、体力のある若手社員が在籍しています。その人たちに招集をかけて神戸支店に派遣してくれました。これは本当に助かりました。

布団もそうですが、例えば、支援者が寝るベッドの用意。神戸駅の南側に福祉施設のD会館という建物があります。そこの三階は講堂になっているので、そこに二段ベッドを隈なく敷き詰めるとかなりの人数が寝ることが出来ます。二段ベッドは鉄パイプの組み立て式。我々だけで三階まで運んで組み立てると三、四日はかかってしまいます。故障者も出るだろうし、体育会系社員はさすがに力と体力があります。本当に助かりました。

支援者の装備

工事支援部隊で、驚いたことに工具類を携えてきていない者がいました。それも多くの人が。通常であれば派遣先の工具類を使えばいいですが、その時に神戸支店で使える工具の予備は全くありませんでした。それにその週の週末の土曜日に大雨が降りました。山麓へ出かける部隊が土砂崩れに遭遇することを心配して、情報を収集していたのですが、その前に雨具がありません。工具を持ってきていないくらいだから雨具までは当然携えてきていない。工事現場での土砂崩れに遭遇する心配はなくなりましたが、雨具の手配にてんやわんや。大規模災害時には通常の派遣ではないので、ある程度事態を想定した装備で来てほしかった。それを思うと九州からの派遣隊は合羽も持ってきていました。やはりさすがでした。

特異な支援物資

いろいろと送られてきましたが、待ちに待った簡易トイレは本当にありがたかった。支店ビルの公開空地に設置して、一般の人も使えるように貼り紙をしましたが、その途端にトイレットペーパーがすぐなくなりました。でも、ま、いいか、と各支店に要請をしてトイレットペーパー支援の数を増やしました、我々のような支援体制が整っている組織に属さない、個々の一般の人にとっては、トイレットペーパー一つ手に入れ難いと思ったので。

持ち込んだミニバイクが非常に有効でした。車では通れない段差がある道路でもミニバイクならなんとか通行が可能です。従って自転車とミニバイクを多数手配しました。しかし、自転車はなんとか数を揃えることが出来たのですが、ミニバイクはなかなかなく（誰しも考えることは同じ）、中には三重や徳島ナンバーのミニバイクも来ました（遠くまで手を回してくれた調達、関西支社の方々ありがとう）。

弁当の供給

弁当は大阪から運ばれてきますが、震災から一週間ほど経過した後は一日半くらいで届くようになりました。しかし全国からの支援者が七千名ほどに達しますので、全く足りません。そこで、陸路よりは海路を使うほうが時間の短縮と量が運べると考えて海路を選択しました。そこまでは大変いいアイディアでした。

弁当がメリケン波止場に着くとの知らせで、車を派遣しました。が、なかなか弁当が届きません。やっと車が帰ってきたら、そこには弁当はなく、弁当を食べる人間だけが着きました。

なんだー、と怒り気味に聞いてみると、神戸港までは順調で、接岸場所を探していると、すでに船がいっぱい係留されていてスペースがなかった。けれど一か所だけきれいに空いている場所があったので接岸した。そうしたら、座礁してしまった。幸い近くに海上保安庁の基地があったので救助されたそうです。弁当が心配でぐずぐずしていると浸水が激しくなり、海上保安庁の方に「弁当と命とどちらが大事だ」と言われたので避難した、とのこと。

本当に想像力がないというかなんというか。なぜその場所だけ空いているか、空いているのには空いている理由があるから、水面下に瓦礫が沈んでいて船が接岸できないからで、もっと慎重にゆっくり行けば沈んでいる瓦礫に気付くか、少しの破損で済んで座礁は免れたかもしれない。それを、それ行けーとばかりに。

その時たまたま重要機材をヘリコプターで運んでいたのですが、帰りの便が空いていました。帰りの交通手段もあまりないことから、どうせならと彼らはそのヘリに便乗させてもらって大阪まで帰っていきました。

神戸まで優雅に船旅をして、なけなしの弁当まで食って、帰りはヘリで空中遊泳、結構なこった。

（バカ野郎。品のない言葉、失礼）

北陸のネットワークセンターの方々ごめんなさい

地上回線が不具合なので、衛星車載車を北陸支社から派遣していただきました。（赤道上空三万六千キロにある静止衛星利用の臨時回線設定のため）この車は雑音とか電界状況や遮蔽物《しゃへいぶつ》を避ける等のために辺鄙《へんぴ》なところに位置取りをしていましたので、弁当の供給ルートから外れていました。ある時彼らはどこにいるのだろうと気になり調べてみると、供給ルートに乗っていない。後でどうしていたかを聞くと、最寄りの避難所で、並んで食料を分けていただいていたとのこと。その時に「何であの会社の人間が我々の食料を」みたいな目で見られて肩身が狭かったそうでした。

昼夜を徹して北陸からわざわざ来ていただいたのに、本当にごめんなさい。紙上を借りて今お詫びいたします。

全国から七千人の支援　ロケーション

関西支社の災対本部から、どこそこのビルの何階の空いているスペースを使うから支援者何百人を送るので受け入れ準備を、と一方的に連絡がきます。現地の手を煩わせずにとの配慮は嬉しいのですが、関西支社にある図面と現状は違います。この時点で神戸支店管内には大小二十二のビルがあり、前述の通り使えそうなビルは事前に現況把握していました。一報が来た時に、もしその拠点がすぐに使えない状況にあった場合には、そこは復興計画上どうしても必須なロケーションなのか、そうでないなら代わりにここは、と代替案を出します。まだ水が来ていないビルも多々ありますし、どうしてもそのビルがロケーション的に必須であれば、少し時間をいただいて、「スポーツ応援隊それ行け」で片付けました。

必要な支援物資にしても、支援部隊用空きスペースにしても、震災被害状況も含めて一番現況をよく把握しているのは被災現地の我々。現地以外での計画時には必ず現地に情報を入れて現況を確認すること、それを徹底していただくようにお願いをいたしました。そうしないと、作業のやり直しや無駄な作業などで、特に時間が無駄になります。復興は常に時間との勝負ですので。

人と車両置き場の分離

工事用作業車と工事従事者が同じロケーションというのが理想ですが、そうはいきません。高所作業車や穴掘り建柱車等の工事車両は嵩張るので、支援者宿泊地にそれら車両を置く駐車スペースはほとんどの場合ありません。

そこで私の母校である神戸大学に話をして、教養学部側の運動場を車両置き場として貸していただきました。

宿泊地からそこまで何らかの手段（主に徒歩）で行き着き、そこから車両に乗り出発する段取りです。

例えば、最初の出勤時に私が確認をしていたY基地に支援者を宿泊させます。そこから神戸電鉄に乗り谷上《たにがみ》駅で北神急行に乗り換えて新神戸駅まで出る（当時、動いていたのが神戸電鉄と北神急行の二社のみ）。そこから神戸大学の運動場まで約3キロを歩きます。震災時には普通に歩く距離でした。

止まった電話、再び始動……

通信基地には、停電に備えて蓄電池（当時使っていたのは実績のある信頼性の高い鉛蓄電池で、5時間ぐらいは持つ）とディーゼル発電機が併設されています。長時間停電時には蓄電池が切れる頃までにディーゼル発電機を回して給電を続けることになっています。蓄電池もディーゼルエンジンも耐震補強はしっかりされていたので問題はなかったのですが、燃料パイプの補強がなされていなかったので、パイプの継ぎ目、特に直角に配管されている部分のパイプが折れて、軽油が漏れてしまっていました。それで震災直後には動いていた交換機が、電池が切れて次々とダウンしていきました。これほどの揺れの地震は今まで経験がなかったので、パイプの耐震補強は完全に盲点でした。

移動電源車も次々と到着して、パイプも修理をしましたので残っている油を使って発電を開始しました。再び交換機は動き出しましたが、今度は燃料の軽油（ディーゼル用）が底を尽きかけてきました。こんなに長く給電が止まることは未経験なので、軽油の供給まで必要とは考えが及びませんでした。そこで、大阪方面は道路がほぼ不通なので、まだ道路事情のいい姫路、岡山方面の支店に軽油とガソリンの配送をお願いいたしました。

私がこの配送の手伝いをしていた時のこと。燃料が到着してユニック車からドラム缶を降ろして運ぶのを見ていました。少し幅の広いベルト一本をドラム缶の重心を勘案しながら架けて、上手く降ろす。そして降ろしたドラム缶をこれまた、重心を勘案して傾けて一人でコロコロと動かして運んでゆく。見事だなー、熟練、スキル……。これを手伝おうとしたら、「どいて（邪魔）」と言われました。どんな仕事にもプロが。感心しました。

余　談

この時に軽油とガソリンをドラム缶に入れて運んできました。軽油は各ビルに分散配置したのですがガソリンは支店ビルに一部を残して広場で一か所に集めて、外からは分からないようにブルーシートをかけて保管をしておりました。

それが消防署に分かり、指導を受けました。

ガソリン等の可燃物はある一定量以上を保管する場合には防火・防護壁を設けて、危険物取扱主任者を置いて保管し、所管の消防署へ届けなくてはなりません。野積みなどもっての外。

ややこしいことは全て私へ、ということで消防署へ行っていろいろとお願いした結果、危険物取扱主任者を日に何回か定期的に巡回させるということで、了解をいただきました。

消防の現場職員の方もこちらの事情は分かるので、おそらくその判断は上司にきっといくはず。幸い神戸支店の、ある課長の実兄がそこの消防署長でしたので、こそっと手を回しておりました。あまり褒められたことではないので、当時は差し障りがあり誰にも話してはいなかったのですが、今はもう時効なので。

ごめんなさい、あれは私です

ガソリンについてはもう一つ。支店ビルにドラム缶を置き、置いたドラム缶から手動ポンプで車にガソリンを入れるのですが、支店に帰ってきた車の運転手が、「ああもうガソリンがないわ」と言って降りてきました。私は少し時間があったので、次の人のためにとガソリンを入れました。するとすぐにいっぱい、あれ一空だと言っていたのに変だな、と。私あまり車に詳しくはありません。

次の方が来てエンジンをかけるがかからない。「あ、ガソリンがない」と降りてきました。

あれさっき入れたのにこれまた変だなと行動を見ていると、私が入れたところと違うところの蓋を開けてガソリンを入れだしました。そしてエンジンをかけるがやはりかからない。そうこうするうちにオイルタンクからオイルが漏れだしました。

運転者は労務厚生係長でしたが、「誰だ、オイルタンクにガソリンを入れたバカは」と怒りました。

はい、そのバカはあなたの隣にいるこの私です。あまりの剣幕に言い出せませんでした、卑怯者です。

その車は数週間放置されたまま。それを見るたびに貴重な車を使えなくした、といつも後ろめたく……。

もう時効だから言います。ごめんなさい、あれは私でした。

この電話が止まったら責任はあなたに

燃料補給が出来、順調に発電を継続することが出来ていましたが、また問題が発生しました。

神戸市の中枢部の通信を担うS拠点のディーゼル発電機を回して、交換機に電気の供給を行っていたのですが、そのディーゼル発電機を冷却する冷却水の温度が上昇して限界に近付いていました。またその温度が38度を超えると、熱膨張のために発電機が壊れるのを防ぐために自動停止いたします。

担当者が神戸市の水道局に配水をお願いしたら、「誰もが水に困っているこの時に、一企業だけに便宜は図れない」と断られたとのことでした。それで水道局にもう一度電話をして責任者を出してもらうように依頼しました。繋がったので、私が電話を代わりました。事情を話してもやはり「貴社といえども一民間企業、特別に便宜供与は出来ない」とのことでした。

相手は名乗らなかったので私は「分かりました。でもその便宜供与をしていただけないのなら、この電話を含めて神戸市役所の電話全ても、県警本部を含めた警察回線も消防も病院とかその他の神戸市の中枢部の電話も、全てが数時間後に停止いたします。その時にその責任の所在を明らかにするために、あなたの正式な部署名と役職名とお名前をいただきたい」と言いました。結局相手は名のらなかったのですが、一時間後に水は来ました、給水車で。しかし給水車でしたので普通の水道用の蛇口しかついておりません。これには困りました。そこで困った時のスポーツ応援隊、すぐに招集をかけてバケツリレーでまずは水を冷却水貯蔵タンクへと。

その間に40メートル以上の長さのある大口径ホースと揚水モーターポンプを手配して、九州から預かっている可搬型発電機を使って揚水ポンプに電気を供給することにより、次回以降は順調に冷却水を供給することが出来ました。

疲労困憊

私は震災後に北は北海道から南は沖縄まで、呼ばれて講演を行っていました。そこでお集まりいただいた企業の方に、お伝えしていたことが二つありました。

一つは災害対策本部の設置場所について。

震災時に災害対策本部は貴社ビルの何階に設置されますか、とお伺いすると、例えば六階の会議室とか上層階を予定している会社が多く見受けられました。

そこで、「エレベーターは止まっております。電気が来てもエレベーターは点検を終えなければ動かすことは出来ません。点検要員もすぐには確保が難しい、従って最低でも震災後ひと月間ぐらいは使えません、多分。非常灯が消えた真っ暗な階段の中を、水や食料を持って行き来するのは大変ですよ。手ぶらでも日に何回も上り下りするのは、疲労が蓄積している身には辛いですよ。津波の心配がなければ、無理にでも片付けてスペースを確保して、拠点は一階か二階までにすべきですよ」とお話ししていました。

二つ目は、メモについて。

疲労が蓄積してきて限界に近づいてくると記憶が飛びます。私は記憶力がいいほうですが、疲労困憊の震災時には、今聞いたことを五分もすると忘れてしまいました。

そこでＡ４用紙に、まず題目と用件と日時、次に連絡先として、誰からかその所属と氏名と電話番号を、そしてそれをいつどのように処理したか、または誰に指示したか、その次にその結果を日時を入れて記載できる簡単な様式の用紙を作り、電話等を受けたら即時この用紙にそれを記載する、このルールを作りました。

とにかく聞いたらその場ですぐ記載して処理、後でと思っているともう三、四分すると忘れている。夜十時に集まり、それをチェックして、未処理案件のその後の状況と問題点の整理をして皆で共有する。

以上二点は非常に細かい事柄のように思われますが、尋常ではない状況下での長期にわたる復旧業務では必要なことと思います。

ホームレスになれるな？（ホームレスの方ごめんなさい）

水がない。従って手は洗えない。顔はもちろん歯も磨けない。髭はぼうぼう、爪には垢が入っているし指先は黒く汚い。食事時にウェットティッシュを分け合って一枚で手と口の辺りを拭くだけ。最初の頃は布団もないので事務所のリノリウムの上でごろ寝。それで発見したことが二つ。

段ボールは断熱効果が高い。床の上に段ボールを贅沢に二枚重ねると、結構温かい。そしてこれも新発見。新聞紙をお腹に巻くとこれもやはり結構温かい。

寝る時は、なるべくパソコンやプリンターがある位置を避けて、その上、椅子で周りを囲んで寝ました。当時のパソコンはモニターがブラウン管だったので結構重い。余震で落下してきて直撃を食らうと死ぬか大怪我をする。そのために落ちてきても椅子でワンクッション、それで衝撃を軽減できる。とにかく自分の身は自分で守るしかない。

この環境下で四、五日もすると衛生概念が薄れてきます。着の身着のままで床でのごろ寝。外の道路でも段ボールさえあれば平気で寝ることが出来ます。いつでもホームレスも可能だな、と思いました。

余　談

余談ですが、ある社員が、段ボールをカッターで切って、体がスッポリ入るようにつなぎ合わせて、その中に入って寝ていました。温かかったと。なるほど必要は発明の母か、器用な人もいるものだ。

いろいろな社員

震災後三日目だったかと思いますが、他支店から自主的に応援に来てくれた社員がいました。背広にネクタイ、革靴を履いてカバンまでもって、状況判断が出来ていません。「何しに来たん」と問いかけたくなりました。気持ちだけいただいてお引き取り願いました。

料金督促係の社員、十二月締めの料金は翌月一月支払い、支払い期限の過ぎた督促状をもって、避難先を突き止めて、その避難場所で督促状を渡したそうでした。

彼の行為はこの会社の社員として非常に職務に忠実で模範たる社員です（通常であれば）。が、くそ真面目というか、このような状況下でそこまでやるか、融通が利かないというかなんというか、それを知って唖然としました。もちろん即座に督促行為は一時中止にしました。

震災二日目だったか、ある技術系社員が「見てくれこの革ジャン、焦げている。頭の毛も眉毛もまつ毛も、瞬きするとまつ毛が縮れているので引っかかる」と。聞いてみると長田の猛火の中をすり抜けて出勤してきたそうな。長田の猛火の状況はよく知っていました。革ジャンや毛がここまで焦げているのは、猛火の中を潜り抜けてこないとこうはならない、技術系社員で「俺が行かねば交換機は復旧しない」と、正に命懸けでの出勤だと思います。名前も顔も知らない社員、でもこんな社員がいてこそこの会社は支えられている。今でも誇りに思います。しかし、このような技術的に優れた使命感のある社員は、大概は技術的な実力がある故に、ゴマ擦りも下手で、不器用で世渡り下手。けれども私はこの神戸支店にあなたのような方がいることを本当に誇りに思いました、ありがとうね。

後でお話ししますが、爆発の危機に瀕していても最後まで交換機を復旧させようとした社員もいました。

この会社の幹部になってほしかった

ある時に、お客様サービス部長（システムソリューション営業以外の営業担当部門）が、「社員が一人辞めたいと申し出てきたので、私では無理なので説得して引き留めてください」と、言ってきました。

確か有名国立大学卒業の幹部候補生。事情を聴いてみると被災現場で警察官に助けられ、またその警察官の献身的な働きに心を動かされた、この会社を辞めて警察官になりたいとのことでした。

私は「待て、うちの会社だって回線を繋ぐことによって、その先に何人もの人の命を救っているのだよ」と言いました。でも実際にはそこは残念ながら見えない想像の世界、警察官の働きは目に見えて具体的です。

私は説得をやめました。ただ一つだけ水を差すようで悪かったのですが、現実をお話ししました。「警察官の世界でキャリアとノンキャリアとの扱いの差は歴然。ノンキャリアでは頑張っても警察署長まで、君の国立大卒は幾分考慮されると思うが、後で後悔しないように」とだけ。余計なことではありましたが。

本当はこのような人間的に立派な志のある人物は、この会社に残り、心ある幹部として(今の幹部が人でなしとは決して思っておりませんので、念のために)育ってほしかったのですが……。

今はどうしているのでしょうか、いつも気になっています。

番号案内業務の方々

地震当時、番号案内業務を行っていた組織とその業務に従事する社員は、神戸支店とは別組織（関西支社の直轄の組織）で、神戸支店は場所だけを貸していて支店の建物内でその業務を遂行していました。

労働組合も丁重に扱っていて、そこは女の園。神戸支店は手出しも口出しも出来ないし、神戸支店の者は通常そのフロアにも立ち入ることも出来ません。

夜勤者のために仮眠用ベッドをはじめ、福利厚生施設が大変充実しています。

いつ頃かは記憶が確かではないのですが、震災後復旧工事も落ち着いてきたので、番号案内業務を再開したらしいのですが、問題がいっぱい発生しました。本音を言うと番案業務は再開してほしくない。なぜなら繋がらない電話がほとんど、そこで案内しても故障で繋がらないか、加入者が避難していて人がいないから繋がらない。ですからその番号へかけても繋がらず、ただ徒《いたずら》に交換機が無効動作を繰り返して輻輳《ふくそう》するだけなのですから。

どちらの企業の方？　豪勢な

当時はまだ、西方面からは須磨《すま》駅付近までしか鉄道は回復していなくて、みな須磨駅で降ります。神戸支店の社員は皆そこからかなりの距離を歩いて支店まで出勤してきます。その始点の駅で、毎朝この震災時にタクシーを手配してそれに乗って出勤している豪勢な女性の集団があったそうで、支店の社員は「なんと豪勢な常識外れの通勤、どこの企業だろう」と思っていたら、その女性たちの勤め先は当社のビル。「支店内で顔を見かけて分かった」と。「番号案内業務従事の方でした」とのことでした。

神戸支店の通勤者が、「何ですかあの人たちは」とうっぷんが冷めやらない。タクシー利用は組合とこの会社の番号案内業務所管部との間での合意事項でしょう。私が支店から夜遅く帰る時に、支店からタクシーで帰る女性陣に時々出くわしていました。勤務明けで夜遅くのタクシーでの帰宅かと、通常では理解が出来ますが、このような非常事態でもそこまでやるかと、番号案内の管理者は何をしている、それは平時での労働協約、この緊急事態の状況下では、社員と組合とに話して、少なくとも大家の神戸支店社員並みにすべきだと思いました。

番案（番号案内業務）の管理者諸君、そこはコストセンターなのだよ、分かっているのか。

水が出ない

水道も徐々に復旧してきて、毎日僅かずつでも水の供給をしていただいていました。夜の間にそれを溜めておき、朝皆が起きてきて一斉に水を使いタンクは空になります。そこで日中にまた少しずつ水を溜めていき、夕刻に復旧作業から帰ってきた人たちがそれを使います。

ところがある時から、夕刻に水が出なくなりました。昼間水を溜めているはずのタンクが空に……。

その時期は番案の人たちが出勤しだした時期と一致。昼間ビル内にいてトイレを使う、その使い方が問題で、平時と同じように用を足す時に二回流すらしい。それと何か家から持ってきた物の洗い物をしているらしい（掃除のおばさんたちへの聞き込み）。神戸支店の社員には、貴重な水だからと、トイレの回数をなるべく減らす努力、協力をしていただいている。

大家である神戸支店長さえもリノリウムの上に布団をじかに敷いて寝ています。それを彼女たちはベッドでぬくぬくと（ま、ここまでは仕方がないが）、貴重な水をなんという使い方。番案には早速申し入れはいたしましたが、なかなかすぐには改善がされませんでした。

弁当を捨てている奴は誰だ

街も復旧しだして、食べ物屋さんもそこそこ営業をしだしたある日。

清掃のおばさん方が何か騒いでいる。行ってみると、ゴミ箱に手付かずの弁当が捨ててあり、それも多数。もったいないと騒いでいました。

「どこから出てきたの」と聞くと、番号案内からでした。そこで「これからは捨ててある弁当は全て私の所へ持ってきて」と頼むと共に、「なぜ捨てるのかをやんわり聞いて」とお願いしました。

その理由を聞いて、ム、ググゥ。「毎日毎日こんな同じような冷たい弁当など食べられるか」と、外の店を探して外食しているからだそうでした。

「いったい何様だ、これをここまで運ぶのに何人のどれだけの苦労と手間がかかっているのか。それと食べ物を粗末に扱い、ゴミ箱へ捨てるとは何事か。せめてこちらに返却くらいしろ」と。もちろん番号案内局には申し入れをいたしましたが、おそらく周知に時間がかかるし、それを守るとは限らない。それで、その集めた弁当は線路部門の方に引き取ってもらい、なるべく奥のほうへ工事に行く部隊に持たせて、そこで残り物で悪いのですがと、避難している方々に渡してほしいと依頼をいたしました。何らかの理由で避難所へ行っていなくて、小さな公園や空き地で避難している人たちをたくさん私は見ています。そこまでは物資もあまり届いていないようで、どのように暮らしていらっしゃるのか、と気になっておりました。

線路部隊の方の報告は、「ものすごく喜んでいただきました」とのことでした。――それに引き替え……。

震災後、しばらくして支店組織の改編が行われ、番号案内業務も神戸支店の所管となりました。これはお願いしていたことで、例えば番号案内業務でお客様とトラブルになると、一般の方々はこの会社の内部の組織はご存じないので、怒鳴り込んでくる先は神戸支店です。しかし組織が違うので、怒鳴りこまれた時点でどのようなトラブルか詳細が分かりません。ご存じのようにクレームは最初の十分ほどの初期対応が大切、これを誤ると長引きます。また、クレームや不具合等の処理の最終責任者は全て私、副支店長の仕事でしたから。

統合は望むところでした。しかし、その組織の所長以下の管理職は六名だったと思いましたが、人事部の方から神戸支店で全員を引き取ってほしいと要請がありました。が、私は「全てお断り、一人もいらん。少なくとも神戸の番号案内部門に管理者などいなかった、社員の管理も監督も指導も教育もなにもできていない、とても我が社の管理者と呼べるような人たちではない」とお断りいたしました。

派手な服装で少し誤解が

私も食堂を片付けた九階で皆と一緒に寝ておりました。九階の上は屋上、ある深夜寝入ったところへ振動と共にゴゴゴと大きな音が鳴り響きました。何事かと屋上へ上がってみると、工事をやっていてコンクリートにドリルで穴を開けていました。

「何をやっているすぐやめろ」と派手な服装の兄ちゃんが偉そうに言っている。「やめるわけにはいかない、今夜中にボルト基礎を打つための穴を開けなければならない」と工事業者は引かない。それで、「誰の依頼で誰の許可を取っての工事か」と問うと某営繕会社の工事依頼で、「勝手にやめるわけにはいかない」とのこと。そこで「その某営繕会社の責任者にすぐ電話しろ」と言いました。が、「深夜なので……」と工事業者は渋っていました。

この工事業者は私を服装だけで判断して嘗めているなと思い、それで「私は副支店長の坂本だ。神戸支店のビルを含む設備は全て私の管轄下にある。この工事は事前に何も聞いてもいないし、まして許可をした覚えもない」と強く言いました。

そうすると慌てて電話をして、しばらくしてやっとつながりました。某営繕会社の責任者に聞いてみると、我が社の子会社の依頼で急遽増設設備用のＢＯＸの基礎工事の指示があり、その子会社がすぐにやれとの命令をしたのだそうでした。

「日頃この営繕会社には支店ビルの維持管理、営繕等はお願いしているが、屋上に穴を開ける、そして勝手に重量物を据え付ける、そのようなことまで依頼した覚えはない、ここはその子会社のビルではないのだぞ、我が社の誰の許可の元の工事か、すぐやめろ」と私は言いました。

みんな疲れて寝ています。寝不足では注意力が散漫になり、危険を伴う高所作業では安全上問題です。そのような状況下で、深夜に寝ている場所の真上でこんな工事を許すわけにはいかない。現地には時々刻々変わる事情があります。特にこのような非常時には、事を起こすに当たっては、まずは現地に状況の判断を仰いでからにしてほしい。

結局、工事は皆が出払う九時以降、そして帰ってくる五時までに変更をしてもらいました。

人使いが荒い課長

ある時から、神戸支店に常駐して復興支援をしていただいている課長がいました。前年の春に私とは入れ違いで大阪方面に転勤をした旧労務厚生課長、神戸支店の事情に明るいことから転勤先に出勤をせずに、心配して神戸支店に駆けつけてくれていました。

私はフリーでいたので暇そうに見えたのと派手な服装からか目立ったらしく、「おいあんちゃん、この荷物どこそこへ運んでくれ」とか、「どこそこへ行って荷物を受け取ってくれ」とか、「そこを片付けておいて」と、とにかく人使いが荒い。

私は、まいいか、手はすいているからヘイヘイと応えていました。でもある時に誰かに私の所属を聞いたようです。多分総務あたりの所属かぐらいに思っていたのでしょう。

「副支店長ですよ、知らなかったのですか」と言われたらしい。慌てて飛んできて、謝っておりましたが、名乗らなかった私も悪いし、別に気にはしておりませんでしたが、一言、「人使いが荒いな、自分でもたまには動けよ」とちくり。以後彼からのオーダーはありませんでした（私も人が悪いので、いつ気付くのかなと、その時にどんな顔？　と少し楽しみにしていた節はありました）。

反社会勢力

Ｆ営業所長が駆けつけてきて、「私では話にならない、責任者を出せと言われた」とのことでした。

Ｆ営業所は国道2号線沿いにあり好立地です。ある時、敷地隣接の歩道にテントを張って炊き出しをする一団が現れました。調べてみると大阪の右翼団体。営業所に来て、テントまで電話を無料で引いてほしいとの要望（半分脅し？）。日頃は反社会勢力には絶対に便宜供与をするなと言ってありましたので、当然営業所長は職務に忠実で拒絶しました。それなのに再度捻じ込んできたらしく、そこで困って私に相談しに来たのでした。それで私が行くことに。行ってしばらく様子を見ていました。豚汁の炊き出しをやっていました。この寒空に温かい豚汁。皆並んで待っていて、本当に美味しそうに食べていますし、お金をとっている気配はありません。

背景がどんな団体であれ、今いる彼らは大阪から真冬の中、わざわざこの震災地に来て自前のテントを張って、食材も身銭を切って提供、被災者のためを思って、それだけの思いでのボランティア活動だと思い、私はすぐに決めました。

そこで、「電話の件で来ました。責任者に会わせてください」と、一人に声をかけました。しかし、ここでも服装が災いしてか、「何だお前は」と返ってきました。それで「F営業所長の依頼で来ました、この会社の責任者です」と伝えると、厳つい強面のお兄さんが出てきました。やはり怪訝な顔で。

見ていれば、食材の仕入れや何やかんやで電話がいるのは分かっていましたが、形式的に「電話は何にお使いですか、また使用予定はいつごろまでご希望ですか」と聞きました。その回答を聞いた後すぐに、「分かりました、明日中に使えるようにいたします」、そう伝えると、相手も拍子抜けしたのか、ポカンとしていました。そして帰りしなには「宜しくお願いします」と、強面お兄さんが。

その足で営業所に行き営業所長名でオーダーを切りました。

これは当時のF営業所長と私だけが知っており、支店長には伝えておりません。完全なコンプライアンス違反、確信犯です。もう昔のことだから時効。ま、いいっか。

友よ安らかに

私が20代後半の時、本社から初めて近畿圏を管轄する中枢機関（後の旧ＩＣＴ事業会社関西支社）へと転勤をしてきました。

その頃の近畿圏管轄機関は、管理地域を大きく二分していました。二部は大阪府全域、一部は大阪を除く近畿全域で、私は二部の担当でした。

その二部の大阪府全域も、東・西・南・北・中の５地区管理部に分かれていまして、それぞれに配下の基地局を管理しておりました。

その中地区管理部の同じラインの方（近畿圏管轄機関で私の三代後の後任となる方）で、お住まいが三田市の同じニュータウンで、そこは私の住居から1キロも離れていないところでしたので、親しくお付き合いをしていただいておりました。

震災時の勤務先は関西支社法人営業本部の課長職で、神戸支店のソリューション営業部の支援に来ていただいておりました。

ある時に仕事でお互いが遅くなり九階の寝る場所がなくなっていて、寝る場所を探していたところで偶然会いました。彼は車を持ち込んでいましたので、その車で一緒に寝ることにしました。

当時ホテルオークラ神戸の前の駐車場は無料で開放されていて、その駐車場で車中で睡眠をとることに。隣は他府県のパトカーが停まっていて、やはりその中でお巡りさんが寝ていました。多分ずっと車内での睡眠かと思われます。「ご苦労様です」とお声がけはいたしました（寝るところがないのか、我々より大変だな、と自然に挨拶が）。

ガソリンがもったいないのと排気ガス中毒になってもいけないので、エンジンを切って寝ようとするも、寒くてなかなか寝ることが出来ませんでした。すると彼が、「坂本さん家に帰ろう」と急に言いだしました。「うんそれはいい考えだ。たとえ睡眠時間が短くなっても、温かくて熟睡が出来る。そのほうが疲労は取れる」と、それですぐに出発しました。

高速道路は開放されていて、真夜中だったこともあり、ほとんど車も通っていなかったので三十分程で帰宅。そして翌朝八時に迎えに来ていただき出勤。朝の出勤時はさすがに一時間ほどかかりましたが、それ以降も週に一回か十日に一回、お互いの時間が合えば便乗させていただきました。

その彼がその年の秋頃に急死しました。もちろん仕事に関しても優秀ですが、それよりもいつもにこにこと笑顔を絶やさず、人間的によくできた人柄。私など足元にも及ばないナイスガイ。突然の訃報にびっくりすると共に物凄い喪失感に襲われました。二十年来の長いお付き合いと、大袈裟ですが戦友のように思っておりましたから。自覚症状はなかったようですが、慢性骨髄性白血病にかかっていて、それが栄養状況の良くない、しかも精神的にも肉体的にも過酷な状況下に長い間晒されていたので、それがきっかけで急性へと移行したようです。おそらく倦怠感等の症状は出ていたと思われますが、それが骨髄性白血病によるものか、疲労困憊から来るものなのかの判断はつかず、手遅れになったと思われます。あの笑顔の奥に、我々が気付かないストレスと闘っていたのかな……、でも震災がなければきっと生きていた。夭逝、惜しい、悔しい、いい奴ほど先に逝くのか。それに比べてこの私は「憎まれっ子世に蔓延《はびこ》る」（私は粘菌、南方熊楠の世界）。トドメを刺されても多分私は死なない。だから残った私は彼の分まで何か世の中のお役に立ちたいと、その時に強く思いました。

余　談

この時に、「いつも笑顔だったけれど、彼もその分ストレスがやはり溜まっていたのだな。だけど私はストレスに強い方だから」と妻に言ったら、妻は「貴方がストレスに強い？　何言っているのよ、貴方は単に周囲にストレスをまき散らしているだけよ」と言われました。

長年連れ添ってきた妻なので、その言葉はおそらく正鵠を射ているとは思いますが、それはないでしょう奥さん……。

今そこにある危機1

当時、ハリソン・フォード主演の「今そこにある危機」という題名の映画が上映されていましたが、震災で映画館が潰れて、その看板が地面に落ちて斜めにかかっておりました。

震災後二日目だったか、国道2号線より南側にH拠点がありますが、早朝の六時前頃にその浜側にあるコンビナートの天然ガスタンクに亀裂が入っていてガスが漏れて充満しだしました。それでその一帯は爆発の危険性があるのでと、消防署から避難命令が出ました。

その前夜、交換機が止まっているので当直の三人が深夜にその交換機システムの立ち上げに出かけました、自転車でキーコ、キーコと。

それで連絡を入れて復旧の進み具合を聞くと、「後一時間ほどでシステムは立ち上がり電話が繋がります」とのこと。しかしガス漏れで爆発の危険性があり、避難命令がその一帯に出ています。すぐに避難せよと伝えました。

すると彼らは、「徹夜してここまで準備をしてきました。後もう少しで回復するのでやらせてください」との返事。

これには本当に困りました。電話システムが立ち上がるとH拠点管内の電話は復旧して繋がります。そのことによって確実に何人かの命は助かるはず、でも爆発が起きると三人は死ぬ。即決断をしないと爆発はいつ起こるか分からない、時間がない、まさに「今そこにある危機」。それで「退避しろ」と言ってしまいました。

結局爆発は起こらず、我々の判断は誤っていました。退避して安全になってから帰ってきて、そこからまた電話システムの立ち上げでは確実に五、六時間のロス。〝もし〟はありませんが、もしそのまま残って作業を続けていて、一時間後に電話が回復して繋がっていたなら、何人の人の命が助かったことか……。

でも、深夜送り出した時の三人の後ろ姿が脳裏に。彼らには家族がいるはず、もし爆死させてしまったら、その思いが先に立ち、続けてくれとは言えませんでした。

この判断は今でも悔いが残っています。あの時にリスクを冒して完遂してくれと言えば、その結果何人もの人の命が救えただろうに、私は安全サイドの選択をしてしまった。日頃偉そうなことを言っていても、私の人間として器はこの程度か、高が知れているなとつくづく思いました。

今そこにある危機2

N拠点の止まっている交換機の回復に必要なパッケージがヘリコプターで支店に届きま

した。それをその拠点まで届けなければなりません。支店とその拠点との間には川が流れています。道路と橋の部分は共振振動数が違うので橋の手前で道路が分離陥没、車では越えられない段差が生じていました。けれどミニバイクならなんとか通れます。誰が届けるか、バイクは私が持ち込んだ一台しかありません。しかも情報では拠点周辺は炎に包まれているとのことでした。

「私が行く」と準備を始めていると、「あなたのような値段が高い方が行かなくても誰か他の者を行かせましょう」と、ある課長が私に言いました。

「値段が高い」の意味は分かりませんが、当時私の給料は一般社員より確かに高い。そんなことよりも、当時のミニバイクは2サイクルでアクセルへの反応が速くて加速が速く、また馬力も強い。自分のバイクだからアクセルとブレーキの利き具合と癖もよく知っています。そして私は当時テニスを週二回、合計八時間ほど二十年近くやっていましたので、筋力と運動能力はそれなりにありました。

瓦礫の中をおそらく炎の近くを走行することになり、かなり危険を伴うことになります。もし部下を行かせて、彼を万一死なせるような事態になれば、私はどんなに後悔をすることか。私が最適任者、私が行くのがリスクが一番少ない、そう判断をして「私が行く」と出発しました。

一つだけ失敗が。5リットルポリタンクは嵩張るので2リットルポリタンクにガソリンを入れ替えて、どこででも給油が出来るように常に積んで携行していました。それをそのまま。これでは火の傍を通るのは非常に危険です。

行ってみると、行く道の途中の病院が崩れていて、怪我人や患者や看護師で溢れかえっていたのが凄く印象的でした。そこを通り過ぎると川にぶち当たり、やはり道路は陥没していて橋との間に段差が生じていましたが、なんとかミニバイクを押し上げて通過することが出来ました。

N拠点に近づこうとしたら、やはり情報通り周辺は燃えていました。通常通る道は消防車が塞いでいて通り抜けが出来ません。唯一通れる道には瓦礫と横の建物が燃えていて、燃えカスが道路上でくすぶっています。しかしそこを通るしかありません。スピードを上げて進むと瓦礫の上で転倒する危険性があるし、かといってゆっくり進んでいて、その時に余震が来ると確実に上から炎が襲ってきます。

その時〝はっ〟としました。

「しまったガソリンを積んだままだ」

でも時間がないのでそのまま行くことに、ほんとにバカ。

と同時に、「今そこにある危機」を思い出ました。それと家を出る時に並んでいた子どもたちと妻の姿が脳裏に。これは本当に死ぬかもしれないと、でもここでぐずぐず考えていても仕方がない。「妻よごめん、こんな男で」と呟《つぶや》きスタート。もしもここで死んでもそれだけのこと、そこまでの人生、それが運命なら仕方がない、行くぞと意を決しました。でも焼け死ぬのは熱くて痛くて嫌だな……とも。しかし余震も起こらず、ハンドルを取られながらも少し熱いくらいで無事に通過。交換機の回復に必要なパッケージを渡して、支店への帰路につきました。時間の余裕があったので、周辺の燃えている状況を見て回り無事帰還しました。

今そこにある危機3

前にも述べましたが、軽油とガソリンがないので依頼をしました。

軽油とガソリンを入れたドラム缶各10本ずつ、計20本を積んだ10トントラックが西方面からやってきて、「須磨まで来ているのですが、道路が塞がれているのと、通れる道路も沿道に隣接する建物がまだ燃えています。何せ積んでいる物が物だけに立ち往生しています。また、ドライバーは地理にも不案内でそこから先へ進めません」と連絡が入りました。

誰かが道案内に行かなくてはなりません。それで当然私が行くことにしました。行きしなに10トントラックが通れる道を探しながら須磨まで。到着後、私がトラックの20メートル先を先導して通れる道に誘導して進みましたが、途中にどうしても燃えている建物の横を通り抜けなければならない箇所がありました。

路面は崩れている上に瓦礫が。早く通り抜けようとスピードを上げると積んでいるドラム缶が荷台から落ちるかもしれません。でもゆっくり徐行をしていると、その間に燃えているものが落ちてきたり余震が来たら一発で爆発、爆発したら巻き込まれるな……と、やはり「今そこにある危機」。「妻よ、ごめん」と。

その後は、鷹取《たかとり》、長田地区の火災は収まりましたので、以後の給油のためのトラックは、時間はかかりましたが、危険なところもなくスムーズに油は到着しだしました。

温度差

関西支社の災対本部が、支店ビルのどこそこを使うからと、現状を神戸支店に確認もせず一方的に指示をしてきて困ったと述べましたが、たった30キロほどしか離れていない大阪と神戸間でもこの有り様でした。ましてこれが約６００キロ離れた東京の本社と神戸間となると……。

とんでもない指示が直接支店へきました。

ある日に、「線路設計部隊を送る。ついては現地支店で神戸市の地図を１００冊用意すること。またパソコンも70台用意すること」と急に言ってきました。

しばらくすると今度は、「土木設計部隊を送るので土木設計で必要になるＡ０判を印刷できるコピー並びに印刷機を現地で用意すること」と、仰せ。

「本屋など潰れていて神戸市内でどこも営業をしていませんよ。パソコンも10台ぐらいならかき集めてなんとかなりますが70台は無理ですよ。Ａ０判の印刷機は通常でも調達には十か月から一年かかりますよ。また注文したくても、印刷機器屋さんの神戸支店は全部閉鎖中で発注先がありませんよ」とお答えをいたしました。

三月十四日だと記憶しているのですが、震災後初めて大阪の関西支社を訪れました。人事異動を五月の連休明けまで一時止めていただく要請のために人事部まで。異動の対象者は二年から三年間神戸支店勤務経過者。その人たちは、正に今の災害復旧の核になって動いてくれている人たち。他支店、支社、本社間の人事ローテーションに影響が出るのは分かっているのですが、そこを曲げてとお願いをいたしました。人事部も「事態が事態だけに」と了承をいただきホッといたしました。

大阪に行くのには、神戸元町の南京街横にある当時の神戸支店から三宮までは徒歩で行き、そこからバスが出ていてJR住吉駅まで、その当時はまだ阪急も阪神も不通で、唯一JRだけが大阪駅、住吉駅間の折り返し運転をしていました。

住吉駅から電車に乗り車窓を眺めていると、西宮市までは家が崩れている、あるいはブルーシート屋根で埋まっている家ばかりでしたが、武庫川《むこがわ》（この上流に私の家があります）を越えて尼崎市内に入ると途端に壊れた家は少なくなり、ブルーシート屋根も段々見られなくなってきました。そして淀《よど》川を越えると状況が一変、そこは全くの別世界。たった30キロほどしか離れていないのに大阪市内では、震災地は千キロほど離れた遥か遠いところの出来事のようでした。

スカートを穿いて生足を出して歩いている若い女性を見た時にドギマギ、神戸ではまず若いどころか女性がいません。たまにいてもスカートはあり得ない、運動靴にジーンズか厚手のズボンにマスクをして帽子をかぶっている姿かしか見ない、大阪ではいつもと同じ平穏な日常と時間が流れていました。

たった30キロしか離れていなくてもこの状況、まして東京本社ではなあ……悟りました。

余談　君たちも現地を見なさい

震災後しばらくしてから当時のこのＩＣＴ事業会社のＫ社長が視察に来られました。支店長が事務系でしたので、支店長は技術系の私に案内をということで私が案内をすることになりました。

目に見え難い設備の被害状況や復旧状況をこまごまとトップに説明しても仕方がないと

思い、そこは大雑把に済ませて、大変なことが起こったと印象付けようと、地震の凄さや被害の酷さを実際に見て感じてもらうことにしました。例えば岸壁が街路灯ごと沖の海に陥没している状況や、歴史的建造物である神戸居留地15番館がぺしゃんこになっているところへ案内をして、それが最初の数十秒でこのような状況になったとか、加納《かのう》町にあった柏ビルが道路を塞いで横倒しになっているところとかを見てもらうとか、etc.

社長は「凄い、凄い」としか仰らなかったのですが、功を奏し過ぎたというか、少し効き過ぎたのか、社長が帰京して役員会か何かでその状況を話されたようです。全社挙げてのバックアップは大変嬉しかったのですが、現地を見ないと被害の凄さは分からないとかなんとか多分仰ったのでしょう、本社の役員の方々が、来るわ来るわ。本社役員ご一行様でなら一回で済むのですが、バラバラ。その都度私が……、参りました。しかし少しは我々の置かれている状況を理解していただけて温度差が幾分でも解消されればと思い直しました。ま、いいっか。

それはないでしょう

必死に回線設備の修理や増設工事を行い、なんとか復旧の目途が立ち、全国からの支援の皆さんも、もう少ししたらお帰り願えるかな、と思っていた矢先に正確な数字は忘れましたが、急に、数千回線を増設しろと支社から言ってきました。これを指定された期日までに作るのには、また徹夜に近い作業を何日も行わなければなりません。

我々の掴んでいる状況では、そんな回線は急にはいらない、なぜなのかと調べると郵政省の要請（指導）を本社が受けた結果だそうで、他のＩＣＴグループ会社の回線が足りないから我が社で作ってそれを貸すそうでした。

なるほど、平常時には他のＩＣＴグループ各社のどこかに障害等が発生し、切り替えまたは迂回回線が必要になった場合には、我が社が予備回線を貸すことにはなっていますが、それは平常時で予備があった場合の話です。今現に我が社の回線すら足らなくて工事を行っている、それを新設までして貸す、敵に。いい加減にしろ、と。

平時でも予備回線はいつでも使えるようにと、我が社では常に定期的試験と整備保守を行っています。そのため固定資産費だけでなく、そうとうのメンテナンス費用を割いています。

他のＩＣＴグループ会社は予備回線を持たずに、自社伝送路の障害時に我が社に回線を借りる、その貸借料金は我が社の予備回線維持費を賄えない廉価な額になっています、郵政省様のご指導の下に。

でも、その契約は平常時でのこと。このような大規模災害時に我が社の回線自体が足りない時にも、それを援用しての要求は、ハッキリ言ってごり押し以外の何ものでもありません。

このような例外中の例外時には、別契約で新設費用を、緊急であれば我が社社員の深夜手当分も上乗せした、それ相応で妥当な金額での回線使用料契約を別に結ぶべきです。

ここまで他のＩＣＴグループ各社の収入が我が社に追い付いてきた今は、もう我が社はドミナント企業ではありません。新設回線を作るための工事業者が急には集まらない、困っているから我が社にお願いいたしますなら、我々だってそれなりに協力はいたしますよ。でもこのような異常事態にも当然の権利のように無茶振りな要求と分かっているにも拘らず言ってくる。それに加担している郵政省さんも、それでいいのですか？　これは公平で公正で妥当な競争条件に全く合わない不正義だと思います。

そこで仕方なく、応援に来ていただいている工事部隊には「トラフィックが予想より急激に上がってきていて、急な回線増が必要です。大変申し訳ないのですがもうしばらく頑張ってほしい」と嘘を言ってお願いをいたしました。とても他社救済のために徹夜してくれとは言えませんでした。

私とごく一部の関係者だけの秘密です。不愉快な思いをさせたくないので支店長には言っておりませんでした。

不条理と、もの凄く腹が立ちましたが、考えを変えました。そんな負のアドレナリンを噴出させても支店で事態は変えることが出来ないし、身体にも良くない。ならばもっと大きな視点で考えよう、と。

他のＩＣＴグループ会社の契約者もたくさんいるはず、我々が回線を作ることでその人たちが助かるのであれば、ま、いいっか（事態と人の考えは変えることは出来ない。ならば自分が変わるしかない、いつもこう考えていますが、我の強い私にはなかなか難しいです）。

無料通話　一般公衆電話

現在はどうか知りませんが、当時提供の回線には災害時優先電話の規制順位というものがありました。どういうことかというと、回線が輻輳して通話が困難になった場合に、優先的に疎通できる通話回線の順位が予め決めてあります。その第一順位は警察・消防を含めた重要官公庁回線、二位は金融機関等の止まっていれば社会的影響の大きい業種等で、一般のお客様の優先順位は最後です。このために公衆電話は一般の方用に優先順位を一位にしてその救済を図っております。が、これは通常は有料です。

阪神淡路大震災はその災害規模があまりにも大き過ぎましたので、公衆電話機の料金BOXが硬貨でいっぱいになっても、その料金の回収や、カード詰まり等が生じてもその修理に行けませんでした。またその当時携帯電話はまだそれほど普及しておらず（この震災後急激に普及）、一般市民の方にとっては、公衆電話は貴重な通信手段でした。

それで、このような事態でしたので、公衆電話は全て無料といたしました。

そこまでは良かったのですが一つ手抜かりが。国際通信を規制していませんでした。後ほど海外通信事業社から、がばっと料金請求が来て初めて気づきました。当時は東南アジア、特にフィリピンからの出稼ぎの人たちが神戸には多かったようでした。それですぐに海外通話の規制を行いました。

特設公衆電話

神戸市役所や区役所や避難場所等、人が集まる所に災害時には無料の公衆電話を特別に設置いたしました。

ある時に神戸市役所前に設置してある特設公衆電話の使い方を見ていたのですが、ベンツで乗りつけてきて長時間話をしている外国の方がいました。風貌からはインドかパキスタンの方、傍でさりげなく聞いていると海外取引ビジネスの通話でした。私は外資系の会社に出向していたことがあり上司が英国人であったこともあります。また前年までアメリカにもいましたので、何を話しているかは分かります（まあ抜け目がないというか、エグいというか、日本人の発想にはありません)。

これは非常にクリティカルな問題でして、一般公衆電話の海外発信は全て規制いたしましたが、特設公衆電話だけは海外通話は可能でした。残しておくかどうか、でもいちいちずっとついていて、ビジネスユースでの通話と判明いたしましたら、海外通信はご遠慮くださいとも言えないし。それでしばらく様子を見てから、海外発信は規制をいたしました。現在ならこの措置はもう少し議論を呼ぶところかもしれませんが。

郵政さんそれはないでしょ(特設公衆電話は即刻廃止せよ)

二月末頃にお客様サービス部長が(今後は客サと略記します)飛んできて、「特設公衆電話を全て撤去しろと関西支社が言ってきていますがどうしましょうか」とのことでした。「何? それ? なぜそのような馬鹿なことを。そんなことできるか。理由を聞いてください」と言うと、「特設公衆電話は特別に喫緊の措置として無料通話を許している。一週間や二週間なら特別処置として許すが、それが二か月間も三か月間にも及ぶようでは、郵政省の（現・総務省）の料金認可権を蔑ろにするものである。すぐに全て撤去しろと郵政省が言っている」とのことでした。それを聞いて私はただただ唖然と、呆れ返りました。撤去するつもりは全くありませんが、一応手分けして皆でその利用実態を調べることにいたしました。もちろん私も当然調べに行くことに。それで私は小学校を10校回りました。

各避難所にその時に残っていた人たちは例外なく経済的な弱者。震災当初はお金持ちもそうでない人も若者もお年寄りも、皆で助け合いほぼ平等な避難生活でした。しかしそのうちに経済力のある人、親類縁者に有力者がいる人、頼れる伝手のある方、若くて体力がある人たちは次々に避難所を退去していきます。従って今残っている方々は、よれよれの服しか着ていない老人の方が多い。神戸にはケミカルシューズ製造業とか、まだ結構零細企業が多かったのでそのような所にお勤めの方々か、または年金生活のご老人たち。つまり経済的な弱者の方々が避難所に取り残されておりました。

その方々が外部と連絡を取ることが出来る唯一の手段がこの特設公衆電話。このような状況下で撤去など、出来るものではありません。お子さんやご家庭やご親戚の何らかの事情で避難所にしか寄る術がない。そのような方々の唯一の楽しみ、希望の灯りがこの電話しかない。そのような方々はきっといる、その希望の灯りを断つようなことは、いくら上からの命令であっても絶対できない、人間として。

客サ部長には、「副支店長が撤去に反対しています。今後このような話は、私に直接連絡するように、と言われました」と、関西支社に伝えてもらいました。

上意下達、縦社会のこの会社で上部機関の命令を拒否する時点で管理者としては失格です。

特設公衆電話回線の架設時は停電で真っ暗、電柱も座屈していて鉄筋がむき出しになっていました。もちろん高所作業車もありませんので、安全帯のロープ1本だけを命綱に折れ曲がっている電柱を登っていき、特設公衆電話用の回線を架設する作業。私の懐中電灯は他の作業者に渡していたので、傍にいた警察官に頼んでその持っている懐中電灯で照らしていただいての作業。余震が来て電柱がもし倒れたら、確実に死ぬか大怪我をします。命懸けで引いてくれた回線、そんな物撤去などできるか。

また、避難所の入り口には例外なく赤旗新聞が山積みされていました。今もし特設電話を全て撤去したら、赤旗になんと書かれるか、避難所の方々にもなんと思われるか。命を懸けて架設してくれた人たちの苦労が一瞬でパア、降格されようが左遷されようとここは絶対に引けないと強く拒絶をいたしました。結局六月以降にその使用状況を見ながら順次撤去することに。

本社も関西支社もこの郵政さんの指示には内心忸怩《じくじ》たる思いはあったと思いますが、立場上拒否は出来ません。しかし現場の責任者が反対していると、私の責任にしてしまえば何とか撤去を免れる、との考えがあったのかもしれません。その後撤去の指示はきつくありませんでしたから。

余　談

余談ですが、この時の支店長は、私立N中・N高・最高学府出で、後に九州の子会社の社長になられた方。この方エリート中のエリートですが、それを鼻にかけるようなところは一切なく、非常に人間的に温かくよく出来た紳士。身長は高く大男の部類に入るのですが、笑うと人懐っこいあどけなさが残っていて、本当にいい方でした。おそらく擁護していただいたので、その後私に不利益な扱いはありませんでした。

今の小学校教育は……

調査して驚いたことが一つあります。特設公衆電話は1台／100人程度を目途に引いておりますので、各小学校では概ね5回線を設置していました。

ところが設置場所には3回線しかありません。後はどこへと線を追っていくと、ボランティアのテントへ。まあこれは必要だからなと思い、もう1回線を追うと校長室へと、いっていました。そこで校長にお会いして、「この電話は避難されている方々のために引いているのであって……」とお話をすると校長は、「私も教育委員会とかいろいろと連絡が必要だ。そしてそもそも学校施設の管理責任者は私だ。だから電話設備も設置させてやっているのだよ」というようなお話でした。

平時ではそうでしょう。私は、唖然としました。これが今の小学校の校長の実態かと。しかも10校中4校も回線が校長室へ引かれていたのです。

このような方が、小学校教育の現場での最高責任者⁇　春の入学式や卒業式に偉そうに訓辞を垂れているのか、苛めがあっても責任のがれで逃げ捲り。なんとなく分かるような気がして、暗澹たる思いでした。

暗澹たる思いがもう一つ。耳のご不自由な方のために各所に一台ずつFAXを併設していたのですが、これも三か所でなくなっておりました。このような状況でもそんなことをする人はいるものだな、と日本人として、悲しくなりました。

料金請求

前述の通り、料金請求の督促は中止しました。でも一月以降の請求はどうするのか、関西支社・本社と協議をいたしました結果、一月十八日（十七日は早朝にはまだ電話は使えていた）以降使っていなかったら、電話料金は基本料も含めて免除にして、一度でも使ったらその月から基本料も含めて徴収することにしました。

ところが、また問題が発生しました。避難先の郵便局に郵便物の転送届を出している人がいて分かったのですが、確かにそこに住んでいないのに通話記録があるのです。調べてみると、どうも工事業者等が、回線が繋がっている電話器を見つけたら、それを使って通話をしているらしい、だがその判別が難しい。それで、一週間以上使っていないと料金請求はしない等、支店内部で独自運用ルールを作りました。

この料金請求に関しましては一年以上にわたり、本当にいろいろと苦労がありました。

マイナス1から

この会社以外の方はご存じではないのですが、「カスタマーシステム」という、お化けシステムを当時運用しようとしていました。電話回線の新設、廃止、移転等に関しましては、従来は手動。つまり電話とＦＡＸで電話局間のやり取りを行っておりましたが、これを端末に打ち込むだけで全国どこへでも自動で手配できるシステムです。この手配の一連の作業をこの会社ではＳＯ（サービスオーダー）業務と呼びます。

この全国一斉運営開始が、地震発生の翌月の二月に予定されていました。

神戸支店も震災直前には移行のためのデータベースが99パーセント完成をしていて、順調に移行の予定でしたが、震災で機器類が壊れて、データが消えて全てがパアになってしまいました。従って、前年に関西支社に送り込んだ紙ベースのデータしか残っておりませんでした。

一般の電話の開通工事ではある規則があって、どこそこの電柱からはこの方面のこの家への線を引き込むとか、また家のどこへ電話機が付けてあるか記載してある詳細な記録があります。特に集合住宅では重要で必要なデータです。しかし全国から来た応援者は、とにかく回線を生かすにことに専念して、付けることが出来る所にてんでバラバラに回線を生かしていったので、残っているデータと現況が合いません。まず初めに現状の照合から。ゼロからの立ち上げ、違います。ゴジラではありませんが、マイナスワンからになりますので途方もない作業です。このチームのモチベーションをどうやってあげるか、神戸支店のためだけにこのシステムの全国運用をこれ以上遅らすわけにはいきませんでした。

本当に腐心をいたしました。

私がいつも言っていること、「仕事で自分が頑張れば出来ることはまず後回し、誰かに依頼をしなければいけない事項は、まずそれを最優先で行え。相手は君のために３６５日24時間君のオーダーを待っているわけではない。例えば三日で出来るだろうと思う作業にしても向こうの都合もある、大抵すぐにはかかれない。依頼をしなければいけないことはまず最優先で手配しろ」と。これと同じ、働いてもらわなくては。私が自分でやれるならいくら徹夜を重ねてでも頑張りますが、私ではなくカスタマーチームに動いていただかなくてはいけない。マイナス1になっているモチベーションを如何に上げるか、私なりに苦労をいたしました。

でも一年後無事にカスタムが全国運用になりました。本当にご苦労様でした、そしてありがとう。

当社は恵まれた大企業

意外に思われるかもしれませんが、神戸支店の勤務者に神戸在住社員は意外と少ないのです。ですから、当社の神戸支店内で震災による死者は幸いにありませんでした。が、他支店での勤務者は確か三名がお亡くなりなっておりました。

神戸在住者は大阪の支店勤務が多く、神戸支店勤務者は姫路、加古川、高砂、小野や三木等、神戸以西、以北の周辺に住居を構えている者が多かったのです。

大阪の各支店から、出勤が出来ない神戸在住の自支店勤務の社員の所に慰問にやってきました。

その行為自体は、会社がここまで心配してくれているのかと社員は思うだろうし、それはそれでいいことです。しかしTPOを少し考えてほしい。

ある大阪支店の企画室長が、神戸支店のテリトリーでの活動なので、ご挨拶に見えられました、物資もたくさん携えて。でも服装が問題でした。事務系の方なのでおそらく初めて着たのだと思いますが、屋外工事用の作業着を着て、ヘルメットを被り、編み上げの工事用ブーツを履いて、しかも全員がその格好で表敬訪問に来られました。

その格好で社員がいる避難所を訪問するとのこと。「工事を手伝っていただくのではないので、その格好で避難所等へ行ってもらっては困る。なるべく当社だとは分からないような服装で。また、大勢は外で待っていて、避難所の中へは少人数で訪れて、なるべく避難所の外に連れ出して外で会ってほしい。また支援物資を渡すのも外で、なるべく人目につかないように行動してほしい」と言いました。

これまた、なぜだと問うような怪訝な顔をされていたので、お話をいたしました。

「当社は大企業で、そこで働く社員は凄く恵まれています。日頃不満なこともあろうかと思いますが、世間一般の会社に比べても大変恵まれております」

前述いたしましたが、避難所に取り残されている方々は、経済的な弱者の方が多く、会社からの支援どころか、地震で会社が潰れて職を失っている方々もたくさんいます。

そこへ当社の人間が大勢たくさんの支援物資を携えて慰問に訪れたなら、そのような方々はなんと思うでしょうか。当社は民営化してまだ十年も経過しておりませんでしたので、一般の方々は当社はまだお役所の一部と思っている方も多いと思います。

他の企業の方々も、それは仕方がない格差、と割り切るのではなく、このような状況下では特に弱い立場に置かれている方々に対して、ある程度の配慮が必要だと思います。それが日本人が日本人であるゆえんかとも思います。

そして、自支店社員の慰問に来た方々には、「あなた方は今日来て今日帰る。でも私たちはこの先ずっとこの被災地でどれだけかかるか分からないが頑張る。けれど、被災地の方々に少しでも当社に関して悪い印象を持ってほしくない」と言いました。

当社の人間は本当に善良で押しなべて素直です（私のような者もたまにいますが）。きちんと理由を話すと、支店にある、ありあわせの服に着替えて、避難所訪問をしてくれました。

後ほど、関西支社を通して、「被災地の社員に慰問に行く時はなるべく普通の格好で目立たないように行動をしてほしい」とアナウンスをしていただきました。

物資もそうです。支店に到着すると総動員で「とにかく支店内に入れろ、後で整理をすればいいから廊下でも便所でもどこでもいいから、絶対に外に積むな」と。これも大企業の当社だから物資がたくさん、「あれ我々の電話料金から支払われている」とか余計なやっかみとかの感情を一般の方々が抱かないようにと非常に気を使いました。当社は大企業、それも前身が前身なので、そのことには気を使い過ぎるぐらいでないと、と思いました。

被災地で見聞きしたこと

私は、時間があるとミニバイクでいろいろと被災状況等を見て回りましたが、その時の出来事を少しお伝えしたいと思います。

華僑の方々のバイタリティ

神戸支店のすぐ横が中華街の入り口でした。中華街の丁度中心の広場の角にあった肉屋さん。冬とはいえ電気が来ず、冷蔵庫が働かなければ肉は当然傷みます。確か震災三日目だったかと思いますが、会議用の長テーブルを出して、カセットコンロで肉を焼いてたれをつけて売っていました。真冬のさなか、食料もなく、特に温かい食べ物などない中、人が群れておりました。そして、カセットコンロで残った食材をなんとか工夫して料理をして出す店が中華街では急速に増えてまいりました。

異国の地に根を生やして生きていく中国の方々のバイタリティ、さすがにと感心をいたしました。

目先の千円

これは聞いた話ですが、山の手にある昔ながらの小さな食料品店で、カップ麺を1個千円で売っているらしいとのことでした。

支店の横の中華街の入り口付近にコンビニがありました。今は珈琲チェーン店になっておりますが、そのコンビニの店員さんは、「レジが動きませんので、お代は後でかまいません。おひとり様に必要なものを最小限、必要な数だけお持ち帰りください」と。

さて震災後復興したら、対極の二店、どちらがどうなるか。

小さな食料品店はどうなったかは知りませんが、もちろんそのコンビニは長くはやっておりましたよ。

俺が誰だか知らんのか

私が防災官として県庁に詰めていたある日の出来事。お偉い代議士さんが県庁を訪問されました。その当時の県知事の貝原さんが忙しくて、時間が取れず総務課長が出迎えました。代議士さんはアポも取らずに、多分思い付きで急に来たのでしょうね。

そこで、この出迎えに酷くご立腹、庶務課長ごときが出迎えだと、云々と……。声を荒らげたようでした。当時各新聞社の記者が県庁に常に詰めておりましたので、何事かと集まったようです。

この時新聞は全く読んでいなかったので、代議士さんが記者に何を言ったのか分かりかねますが、これを境に代議士の先生たちが県庁を訪れることはありませんでした。

官公庁ではなく、同じように公共性の高い企業に目を向けたようです。神戸支店に代議士さんが何名かいらっしゃいました。この応対もまた私の仕事です。とりわけ、飲食店を探すのが大変でした。

特設公衆電話を撤去しなかったから訪問があったのか定かではありませんが、三月頃には、郵政省の重役もお見えになりました。すでにホテルオークラ神戸のレストランが営業を再開していたので、そこへご案内しました（少しゴマをスリスリ）。私だって無暗《むやみ》に無用に戦いを挑むほど馬鹿ではありませんので、それなりに。

お風呂に入りたい、自衛隊さんありがとう

真冬の戸外での復旧作業。電気が来て暖房が入りましたが、真冬ですので皆さんお風呂が恋しい、入りたい。そこで有馬温泉はもちろん、神戸市西区にある大山寺温泉や三田市や三木市のお風呂屋さんまで探しました。ところが、なかなか遠すぎていけませんでした。

しかしある時にメリケン波止場に自衛隊さんが仮設のお風呂を作り、避難者の方々に提供をしていました。避難者に混じって当社社員も浸からせてもらいました。湯船に垢が浮いていたそうですが、その頃の衛生感覚では全く気にならなかったようです。

久しぶりのお風呂に当社社員も大感激、自衛隊の皆様本当にありがとうございました。

ヘリコプターの駐機場

当時はまだ神戸空港が出来ていませんでした。海岸を埋め立てていて、空き地がありましたので、ヘリコプターの離着陸の基地に使うことが出来ました。それで我々民間企業はそこを使っておりました。

兵庫県の防災会議の後で自衛隊の方に聞いたことです。

緊急出動時にはまず緊急に物資と人員を送るために大型ヘリコプターを使いますが、その離着陸基地に困ったそうです。神戸空港予定地はもうすでに民間機の共用場所になっていましたので使用は出来ない。通常であれば学校の校庭やグラウンドや公園か広場とかが使えるのですが、そこは避難者がいるので危険で使えない、大変困ったと言っていました。

そこで考えたのが王子競技場です。何よりも競技場の出入り口には門があり、一般避難民が立ち入らないように規制することが容易に出来、広さも十分にあり、また神戸市街の中心近くにあり、出入り口付近の前面は人や物資を搬送するための車両を駐車するのに十分な広さの空間もあり、理想的でした。

来るべき大震災に備えて、大規模災害時には予め競技場やサッカーグラウンド、または野球場を自衛隊のヘリコプター基地として使う契約を結んでおくべきです。もしそれが民間施設である場合には、国や地方自治体が仲介をして緊急時の自衛隊基地として使う取り決めをしておくことが肝要であると思います。

新神戸支店

海岸近くにＫＭというビルがありましたが、その屋上のアンテナ用の鉄塔が地震で曲がり、ビルも亀裂が酷くビルごと撤去をして、そこの横に新しい神戸支店ビルを建てることになりました。

そのビルは、今後このような大災害が起きた場合には西日本エリアの災害復興用機材の供与拠点基地とするための役割を持たす構想で設計がされました。

例えば床荷重。通常のオフィスビルだと建築基準法で約３００kg／㎡以上と規定がされていますが、当社のオフィスビルでは倍の600kg/㎡以上です。しかし新神戸ビルでは一部の床荷重が1500kg/㎡で造られており、電子交換機を丸ごと1システムとその交換機用の蓄電池1セットが保管できる床荷重となっております。

屋上は西日本の防災機材等備蓄基地ですので当然ヘリポートとなっておりますが、これを設置するための認可の収得が大変でした。

と申しますのは、兵庫県警と消防本部はすでにヘリコプターを所有していて、その離着陸時の侵入経路がすでに設定されており、また近い将来開港予定の神戸空港の離着陸経路もすでに決まっておりました。

日本のビルは大体が長方形で、その屋上にヘリポートを設置する場合には、一般的にはヘリポートの形をビルの四辺に合わせて平行四辺形にしています。しかし、新神戸ビルのヘリポートの四辺の延長線とビルの四辺とは、クロスしている歪《いびつ》な関係になっています。

ヘリポート設置願いを航空局に出すのですが、そもそもなぜ当社ビルにヘリポートが必要か。また、ヘリポートへの進入路が既設（県警・消防ヘリ）経路と新神戸空港の予定経路とも被っている……等の理由でなかなか許可が下りませんでした。しかし、建築予定をしている新ビルは、今後もし今回のような大災害が発生した場合に、西日本エリアをカバーする重要な防災拠点ビルになり、ヘリポートは必須であることと、ヘリポートの設置角度を変えて、既設侵入経路とクロスしない変則的なものに設計変更をすることで許可をいただきました。ですから上空から見ると、ヘリポートの位置が少し変です。

余　談

日本の都会のビル群の景観が、外国のビル街のそれに比べて長方形のビルが多く画一的な景観を呈しているのは、日本は地震等災害が多いので、緊急時に屋上にヘリコプターの離着陸がし易いように、ビル自体が主に長方形に造られているからで、ビル群の景観が海外に比べて画一的になるらしい（知らんけど）。

おおいに余談1

このビルを建築するに当たって、現地支店の意見も必要なことから、私が設置委員会のメンバーだったため、このビルのオープンには呼ばれました。しかし、残念ながらこのビルに入ることはありませんでした（私はＩＣＴインターナショナルに行く前は新規事業開発部に所属していて、土地切り出しに依る変態現物出資で不動産開発会社を数社作っておりましたので、建築関係の知識も少しあります。それで支店長ではなく私がメンバーに。その後に私が作った数社は統合して現ＩＣＴアーバン開発になりました）。

おおいに余談2

私が交換屋として勤めた初めての職場がこの取り壊されたＫＭビルでした。初めて係長として部下を持ったのも神戸駅近傍にあった兵庫通信部、そして神戸での勤務三回目がこの震災時でした。

初めて神戸に勤務した時に、神戸で彼女が出来、真剣に結婚をしたいと思いましたが、お付き合いをしだしてから五か月目に本社への転勤命令が出ました。結婚には経済的なことが重要。また当時はまだ前身の会社でしたので、その転勤命令を蹴ったら、私の将来は閉ざされると思い、それで三月初めに東京本社へと、それから二年間は６００キロを隔てた長距離恋愛。でも結局振られてしまいましたが、神戸は私にとって一番好きな街、辛かった悲しい心の痛みと共に。

自分の命は自分で（幸いに労災事故はなかった）

当時、神戸支店エリアで当社のグループ企業も含めて直轄社員は四千名弱、全国からの応援部隊が約七千名。関連業界の工事協力会社の工事従事者数は把握していませんが、多分何千名規模で、ＩＣＴ関連復旧工事でトータル一万五千名以上の方々が復興工事等に従事されていたと思われます。

当初は高所作業車もなく、地上には瓦礫、その上に座屈して鉄筋がはみだしている折れ曲がったコンクリート柱に、安全帯のみが頼りの架設作業。余震も頻発していましたし、余震で電柱ごと倒れれば死に至る危険性がありました。

下手をしたら死ぬかもしれない状況では、自らがいつも最悪の事態を想定して最善の注意を払わないと命を失う危険性があります。まさに「今そこにある危機」。「業務命令だ、行け」とは言えません。でもみんな行ってくれました。

自分の身は自分で守る、そして危険な状況にも拘らず細心の注意を払って工事を進めていただいた。そして、何よりも、幸いなことは、労災死亡事故が一件も発生しなかったことでした。大した怪我もなく本当によく頑張っていただきました。

労働組合の方々も、おそらくこの状況は把握されていたと思いますが、我が社の使命、危険な作業の向こうに助かる命がある、そのことに鑑みて、ＡＬＬ ＩＣＴとして、大所高所からの見地で、大人の対応を取っていただいたことを、この場を借りてお礼を申し上げます。

自分の命は自分で（不幸にも労災事故が発生しだした）

労働基準監督署の方に聞いたところ、震災直後から五月の連休明けまで、墜落等による死亡を含む労災事故は一件もなかったそうでした。でも連休が明けて六月に入ると、死亡事故も含めて労災事故が多発し始めたそうです。

実際に危険な環境で、本当に身の危険を感じて、細心の注意を払って自分の身の安全を自分で確保しながらの作業の遂行、地震直後から連休ぐらいまではその経験を積んできている工事従事者の方々がほとんどでした。でも頻発していた余震も少なくなった連休明け頃から、交代要員あるいは増員として新しく入ってきた作業員の方々は、危険な状況下での作業という意識が薄く、労災事故が増えてきたと思われる、との解析でした。

このような非常事態時には、気を緩めずに、油断せず、自分の身は自分で守るしかないということですね。

火災が全て終息してから、また火災が

全ての火災が鎮火して、しばらく経ってから、またあちらこちらで火災が発生しだしました。私は時間が空くとミニバイクに乗って街をあちこち見て回っておりましたので、その状況は知っており、変だなと思っていました。

考えられる原因は二つあります。

一つはガス。実兄がOガスに勤めておりましたので、ガスを供給する際の開栓時には必ず事前検査を行い、ガス漏れがないことを確認できなければ開栓をしないことを知っておりましたので、火事の原因はガスの供給ではないと思っていました。

もう一つ考えられる原因は給電時ですが、当時電力会社さんは、火災の原因は給電によるものではないと否定をされておりました。

震災後かなり経ってから、ＮＨＫの方が当神戸支店の設備部を訪れて、各電話局の通電時刻を教えてほしいとの申し入れがありました。我々といたしましては、電力会社さんは

一所懸命給電に努めていただいたとの認識なので、電力会社さんはこんなに早く給電してくれてありがとう、との気持ちもあり、給電時刻の開示は、特に電力会社さんに慮る必要は何もないと判断をして開示することにいたしました。それで対応の設備部門の担当者に、「ＮＨＫさんに、どのような理由でまた何に使うのかを聞いてほしい」と伝えて、設備部門から各拠点の給電時刻をＮＨＫさんにお知らせをいたしました。

ＮＨＫさんは、結局その時にはその使用目的を仰らなかったのですが、後日放送をされたＮＨＫスペシャルで分かりました。その放送では、後日発生の火災と給電との因果関係を検証している内容でした。

その地域に通電後、十～三十分ほどで火災が発生、その地域への給電時刻と火災が発生したエリアが見事に一致しておりました。おそらくＮＨＫさんは電力会社さんに地域ごとの通電時刻を問い合わせても、通電と火災発生の因果関係を当時は否定していた電力会社さんから教えてもらえなかったので、当社に問い合わせたものと思われます。

各拠点ごとにその給電時刻が分かれば、そのエリア一帯の給電時刻を知ることが出来ます。ＮＨＫさんにも賢い人がいるものですね（上からの目線でごめんなさい）。

電気ストーブが倒れていて燃えるものが被さっていれば、通電後すぐに火災が発生しますし、コードや電線がショートしていたら、漏電で通電後数十分以内に火災が発生いたします。

今、感震ブレーカーが開発されていて、ある震度以上の地震が来れば自動的にブレーカーが落ちる、そしてそのブレーカーは周囲の安全を確認した上で手動で入れて給電する、このことが必要です。

もし感震ブレーカーがない場合には、ある程度の重りをつけた紐をノンヒューズブレーカーに括り付けておいて、強い地震が来たら自動的にブレーカーが落ちるようにして再給電時に起こる火災を未然に防ぐ、このことが肝要かと思います。

その手があったか（Oガスさんさすがです）

前述のように私の実兄はOガスに勤めていて、震災後同じ時期に神戸に応援に来ていたようでした。後日、食事や宿泊はどうしていたのかを聞くと、大型客船をチャーターしてそこを拠点にしていたとのことでした。しまったその手があったか、電気もガスも水道も、お湯まで出る、寝るベッドも、もちろん食事を作ることも。さすがにOガス、我々はそこに考えが及びませんでした。

横浜市で　お亡くなりになった方はどうするの？

横浜市で講演をした時のお話です。横浜市の防災担当の方にお伺いをいたしました。「関東大震災級の地震が横浜市で発生した場合に、横浜市の犠牲者の方の人数はどれほどなのでしょうか」と。

そうすると確か「一万二千名ほどの方がお亡くなりになると想定しています」とのことでした。

続いて、横浜市の斎場は何か所あるかもお聞きしたところ、東西に大規模な斎場が一か所ずつ計二か所あると。

そこで、大規模な震災時にはその斎場へのガスの供給は止まっているので、機能しません。通常このような場合には、学校や公共の体育館等が安置所になりますが、その時その場所は避難民で溢れていて使用することが出来ません。またお寺等は瓦屋根で頭が重く、神戸の場合では崩れているところがかなりありましたので、ご遺体はお寺さんにはほとんど収容ができない状態でした。

震災時の夜に道路脇にお布団を敷いて寝ている方がおられました、ご家族と。近付いてみると顔には白い布が被せられていました。寝ていたのはご遺体でした。避難場所には安置することが出来ずに、迷惑がかからないようにと屋外で。亡くなってまでこんな場所にしか安置が出来ない、ご家族の悲しみもさぞかし、ひとしおだったでしょう。

阪神淡路大震災は不幸の中幸いが二つありました。一つは津波が発生しなかったこと、そしてもう一つは真冬だったこと。そのためにご遺体の腐敗の進み具合が遅かった、これが夏場だったらと想像をすると……。

そこで横浜市の職員の方に申し上げました。もしお亡くなりになる方が一万二千人と想定したら、そのご遺体をどこに安置すればいいか。このような大災害時でも安置できる公園とか広場や空き地がどこにどれほどあり、またどの程度収容できるのかを具体的に考えて事前に準備をしなければ。想定をした数だけ、本当にお亡くなりになる人がいる。それのご遺体をどうするのかを最後まで具体的に考えなくてはならないのでは、と私の経験からお話をいたしました。無責任のようですが、私にも分かりません。でも必要なことだと思います。

消防職員の本当の姿

横浜の講演の時に消防本部の方々とお話をする機会がございました。

私が公演をする少し前に神戸市の市民団体で「語りべ」と名乗るご夫人の方々が講演をされていて、そのお話の中で、「消防は何の役にも立たなかった、大勢の市民を見殺しにしていた」と語られていたそうでした。それで横浜市消防本部の方は、「本当ですか信じられない、実際にそうでしたか」と、私に尋ねられました。

その「語りべ」なる方々がどのような組織の市民団体で、いかなる意図をもってはるばる神戸から横浜まで来て、なぜそのように消防の方々を貶《おとし》めるようなことを仰るのか、大変理解に苦しみました。確かに一方的な見方をするとそのような解釈もありうるかなとも思いますが、それは見解の相違、そこで私は事実だけを申し上げました。

私は消防の方々ともお話をする機会も度々ございましたので、具体的な例としてB消防本部の、当日宿直当番の方のお話をいたしました。その方を仮にA氏とします。

A氏は震災直後、被災状況の把握のために署を出発されたそうです。どの方面にどのくらいの被害が出ているかの現状把握は、今後の救助活動のためには必須ですので。

出発してすぐに、彼の姿を見た人たちがあちこちから助けてほしいと救助要請をしてきました。でも彼には今後の救助支援部隊を、どの方面にどのくらいの規模で派遣するかを決定するための、現況把握という重大な任務があり、その任務を遂行したいのです。

しかし、レスキュー隊員でもあったA氏、重大な任務があり、そちらを優先させるべきだと頭で分かっていても、やはり目の前に救助を待つ人がいればほうってはおけません。通常レスキューは最低でも二名ないし三名でチームを組み、しかも装備を持っての救助活動です。いくら経験があり普通の人より筋力があるといえども一人ではどうすることも出来ません。これは助けることが出来ない、ならば助けることが出来る可能性のあるほうへと移動せざるを得ません。ある時に胸ぐらをつかまれて「お前は消防隊員だろう、助けろ、助けずに行くのか、人殺し」と言われたそうです。

彼は結局二日後の夕刻に消防本部に戻ってきたそうですが、手の爪も一部が剥がれて血まみれで、心身ともにボロボロ。飲まず食わずで、もちろん睡眠もとらずの二日間。最初は覚えていたそうですが、その後その間にどこで何をやってきたのか、記憶があまりなかったそうです。

重要な現況報告もできずに、レスキュー隊員なのに多くの人を助けることも出来ず、自分は一体何をしていたのだろうと自責の念に駆られて、彼はその後深刻なＰＴＳＤ（心的外傷後ストレス障害）に陥りました。

人の命を助けたい、その思いで消防に入った人は多く、まじめな責任感の強い方々が多くいましたが、この震災後にそのような方々の多くがＰＴＳＤに陥ったと聞いております。神戸市消防の長田でも、燃え盛る炎の中、消火栓は使えず、持ってきた消防車のタンクの水はすぐになくなり、猛火の中をホースを引っ張り水源まで。そしてその間に消防車を置き中継ポンプ代わりにして、圧倒的な猛火に対して果敢に挑んでいった消防の方々を私は知っております。想像をはるかに超えた激甚災害、消防組織としての機能を遥かに超える自然の猛威。レスキュー隊員の方といえども個人の力はあまりに弱く虚しく太刀打ちできない、でも必死で立ち向かっていった神戸やB消防の方々の姿。また消防の方々は地元にお住まいの方が比較的多いのです。それでご自分のご家族が被災されている方々もおそらく多いと思います。人として一家の主として、それは心配でしょう。が、しかし、それでも自分の使命を全うしようと果敢に炎に向かっていったその姿、人間として尊敬の念以外のなに物でもありません。

それを横浜消防の方にお伝えをいたしました。

今後起こるであろう大震災時に肝要なことは、救援を待っていたら間に合わない、そこにいる自分たちでなんとか対処をすること。これをまず第一番に考えて、周りの人たちだけで協力をして、少しでも救助活動をして人命を救っていただきたい。そのためには後述しますが、最低限必要な装備は防災倉庫等に必ず備えておくこと。その機器の使用方法も、出来るだけ多くの人が操作を出来るように日頃から訓練をしておいていただきたいと思います。

本当の死亡時刻は

ある時に医師会の幹部の方とお話をする機会があり、その時に震災時の死因のことに話が及びました。

「私の見たある統計では、死因の約80パーセント弱が即死に近い圧死と窒息死であったと記憶していますが」と申しあげたところ、「坂本さん、本当はそれは違いますよ、正確ではありません。圧迫死と窒息死が死亡原因の80パーセント弱は合っていますが、そのほとんどが即死や30分以内の死亡とか、その死亡時刻、つまり生存時間が違います」と話されました。

「医師の義務として死亡診断書には正確な死亡原因は記載しなければいけませんが、死亡時刻は推定です」と。私は即死かそれに近い死亡とあったので、圧迫死がほとんどかと思っておりましたが、圧死が10パーセント弱と聞いて、残りの70パーセントが窒息死?? 窒息ってそんなに早く死に至るの? と疑問に思っていました。

医師会の方は、「被災者は実際にはもっと長い時間生存をしておられましたよ」と。ではなぜとお伺いをすると、「坂本さん、仮にお子さんを亡くされて自分だけ生き残った親御さんがいるとしますよ。このような場合に死因は正確にお告げしても、死亡推定時刻は即死かあるいは即死になるべく近い時刻をお知らせするしかありません。お子さんを助けることが出来なくてご自分だけ生き残った、その自責の念に駆られている親御さんに、お子さんが死亡するまでには何時間もあり、長い間生存されていたというような事実を告げられますか。もしその事実を告げると、その親御さんは何を想像します？　お子さんが、お母さんお父さん苦しい、助けて、ともがきながら徐々に命の火が消えていったと、親御さんがそう想像されることは難くはない。だからせめて即死かそれに近い死亡時刻をお知らせしました。苦しむ時間が少しでも短ければ、それが親御さんにとってはせめてもの救いと、医師としての義務より人としての情が優先してそう告げるしかない、そのような医師はたくさんいました」と、そう医師会幹部の方が述べておられました。

震災後に死因とその分析、あるいは死亡原因に基づく対策等の資料が様々な機関から出されておりましたが、その元データは医師の死亡診断書です。この死亡時刻の記載に瑕疵があれば、その後の分析等も砂上の楼閣、意味をなしません。今となっては再度記録の取りようがありませんが……。

ですから、窒息死による死亡に関しましては、生存時間が実態はもっと長いかもしれないと想定をして、救助装備にチューブ等で高濃度酸素を送れる装置を追加して用意をするなど、長く生きている可能性を想定して、その救助方法を考える必要があると思います。

今年の冬は厳冬だったか暖冬だったか……

四月の六日、確か木曜日、仮設トイレも撤去された支店ビル横の公開空地にケヤキの木がありました。それをふと見上げると新芽が芽吹いています。そういえば頬に触れる風も暖かい、もう春か。

しかし、今年の冬は厳冬だったのか暖冬だったのか、記憶がない。ふと正気に戻った瞬間でした。

全国から集まってくれた約七千人もの支援者も三月に帰っていきました。後は支店に残った社員だけで、この復興を行わなくてはいけません。しかし問題はまだまだ山積していましたが。

でも気持ちを切り変えて、今からまた新たにスタート。そこで支店長にお伝えしました。「もう新しい年度になりましたし、来週から背広にネクタイで出勤、正常に戻りましょう」と。支店長も、「そうだね、そうしよう」と。

本当に伝えたいこと

私はこの会社の前身時代を含めて長年この会社に勤めておりましたが、この会社の組織運営方法と社風が正直あまり好きではありませんでした。なぜかというと、前例凡例主義、根回し、責任者がリスクを負いたがらない、決断が遅く会議ばかりで非効率……、私は仕事をさっさと片づけて自分の時間を作りたいほうでしたので。

でも給料をもらっている以上はプロですから、給料以上の仕事をして常に会社に貸しを作っているぐらいの気落ちで仕事はしてきました。

あまりそんなこの会社が好きではなかったとはいえ、三人の子どもたちを大学まで出すことが出来、男の子たちは大学院まで、しかも三人共に私学でしたが、これはこの会社のおかげで出すことが出来ましたので、そこは感謝をいたしております。

しかし、この震災の時ほど、本当にこの仕事が如何に重要か、如何に世の中のためになっているか、どれほど直接人の命に深く係わる大事な仕事なのかということが身に染みて分かりました。

本当に本気で必死に、とにかく何が何でも一分でも一秒でも早く、また一回線でも多くの回線を繋がなければ、その先には人の命がかかっている、遅れれば遅れるだけ助かる命が救えない。この時ほど、私の仕事がどれだけ社会的に重要か、如何に世の中のためになっているか、どれほど直接人の命に係わる仕事かを痛感しました。またこれほど使命感を持って今までに仕事をしたことはありませんでした。

私は、直接工事を行うスキルはありませんでしたので、兵站に回り、現場の方々がなんとか健康で安全に、また迅速に復旧工事を継続していただくために、全面的なバックアップに回りましたが、一人でも多くの人の命を早く救いたい、その思いは工事を直接行わずとも変わりませんでした。

来るべき大災害に際し一人でも犠牲者を少なくしたい

ここからは、過去の会社を離れて、大震災を経験した一人の人間として、遅かれ早かれ必ずやってくるであろう南海トラフ大地震に備えて、一人でも犠牲者が少なくなってほしいとの思いから、もし、参考になればと思い書き記します。

防災倉庫に必ず準備しておいてほしい物

前述いたしましたように、私は震災後に北は北海道から南は沖縄まで、講演会の講師として震災体験を語る機会を得ました。

千葉にある某支店が大型展示施設で危機管理関係のシステム展示会を催していて、そこに私は講師として講演に呼ばれて行きましたが、その時に初めてお話しした内容をご紹介します。

お集まりいただいていたのは企業の方々だけでなく、自治体の方、また自治会の一般の方も多数ご参加をいただきましたので、少し迷ったのですが、その時にお話をすることを決めて、二つお話をいたしました。

つらい体験その一

震災後十日ほどして、状況が少し落ち着いてきましたので、私は震災後初めて自宅に帰りました、ミニバイクで。

六甲山を越えて神戸市北区に入ると震災の影響は薄れてゆき、三田市に入るともうそこは別世界。雪もちらついていた静寂な空間、いつもの時間が静かに流れている世界でした。

家に着いて、玄関のドアを開けると、そこに三歳になる娘が立っておりました。私を見た瞬間にその娘がワッと目にいっぱい涙をためて飛び込んできました。まだ言葉が十分でない分、感覚が鋭く、私の帰宅にいち早く気付いたものと思います。多分私がいないこの状況下で、この子なりに不安だったのだな、と。

親に似たのか不細工な子でね。髪の毛も薄く、赤いスカートを穿かせているのに、元気な僕ね、とか言われて。でも飛び込んできたその子を抱きしめた時、服を通してその子の涙をじわっと感じることが出来ました。が、その時に突然思いだしました。

まだ、所々で木が燻《くすぶ》っていましたので、多分震災後三日目か四日目だと思いましたが、須磨区の鷹取付近を通りかかった時のことです。一人の男性が、しゃがんで何かを探しておりました。そのような光景は当時はよく見る光景でした。貴重品とか記念の品を焼け跡から探している光景でしたが、なんとなくその様子が変で、しゃがんで何かを探しているような、いないような。それで、気になり「何をお探しですか、手伝いましょうか」と尋ねたのですが、あまり返事がありません。しばらくして、その場を離れようかと思った時に、ボソッと「俺は逃げてしまった」と一言。そして少しずつぼそぼそと話しだしました。

そのお話は、お子さんと奥さんが家の下敷きになり、助け出せない、皆は避難してしまって周りに助けてくれる人は誰もいない、火が迫ってきて一人ではもうどうにもならない、それで奥さんが「もういいわ、あなただけでも逃げて」と。それで俺は逃げてしまったと。

そして、男性は焼け跡の中をその遺骨を探しているらしい。

もし私が彼だったら、やはり逃げたと思いますが、その後はどうしたであろうかと……。自殺する勇気はありませんので、当時流行をしていたエボラ出血熱のアフリカの現地にでも行ってそこで死ねればそれでいい、誰かが助かればば……とか。

三歳の娘を抱いた時、この子を本当に愛おしく思いました。でもその時同時に、この彼我の差は一体何なのだと。私だけなぜ生きている？　何か生きて残っていることに凄く罪悪感があり、多分軽いＰＴＳＤにかかっていたのだと思います。

つらい体験その二

これも震災後四日目か五日目の出来事ですが、Ｍ基地に寄った帰り道に、寄り道をしていた時に見た光景です。ＪＲか阪急の線路（確か阪急だったと）を越えて少し上がったところ辺りで、倒壊した家屋に人が集まって何か作業をしていました。時間がありましたので手伝おうかと近寄っていくと、いい年のおっさんたちが泣きながら作業をしておりました。

「お前は本当のおやじだ」「本当の男だ」とかが聞こえました。そこには大黒柱のご主人が奥さんと子どもさんの上に覆い被さり、そこへ本物の大黒柱が落ちてきて、そのままの姿でお亡くなりになっているようでした。その光景に私は涙が溢れてきて、メガネが曇ってきましたので、手伝うことなくその場を去りました。

その他に、これは聞いた話で確かではないのですが、やはり鷹取地域で、小さな女の子が鍋だけ持って佇んでいたようです。それでお巡りさんが事情を聴くと、どうもお鍋の中には、ご両親の遺骨が入っているらしく、誰かが拾って入れたようですが、その子は何もわからず呆然と佇んでいたとのこと。

また聞きなので非常に信憑性が低い話ですが、あの状況下ではありうる話だな、こんな話があっても何の不思議もありませんでした。


この話を講演会でし始めた時に、その光景が目に浮かび、涙が溢れてきて、不覚にも言葉に詰まりました。今まで、人前で涙など見せたことは一度もありませんでしたのに。

その会場には自治体や自治会の方々も多数参加をされていたので、防災倉庫に何を準備されているか選択式でお聞きし、挙手でご回答いただきました。

バールを準備している方は一名様、滑車はゼロ、油圧ジャッキもゼロ、エンジンカッターもゼロ、もちろんチェンソーもゼロ。もし油圧ジャッキ、特にエンジンカッターやチェンソーがあれば、どれだけの人を救うことが出来たことか。そこで「エンジンカッターとチェンソーとガソリン、出来れば可搬型発電機を必ず装備してください。それとエンジンカッターとチェンソーは取り扱いに危険が伴いますので、備蓄のガソリンが劣化する前に、それを使って講習会等を開催して取り扱いに慣れると共に、扱える人を増やしましょう」と強くお願いしました。

以後の各講演会場でも、同様のお願いを続けてきました。

不具合な規制（大規模災害時には各種の規制緩和を）　医療行為

震災直後、各国から緊急治療のために医師団が多数駆けつけてくれました。当時の厚生省（現・厚生労働省）は、「日本の医師免許がない」、ただそれだけの理由で、わざわざ海外から駆けつけてくれたその医師団に治療行為の許可をしなかったそうで、彼らは虚しく帰国をいたしました。

神戸税関の方に聞いた話ですが、災害後やはり各国から緊急治療薬（例えば輸血用血液製剤等）が多量に送られてきましたが、この薬品類も厚生省は、「それらの薬は日本では認可していない」、この一点だけで使用を禁止。それでその医薬品類が多量に保税倉庫に眠ったままとのことでした。「いずれ税金を使って廃棄処分になるでしょう」とも。

平常時では、いろいろと薬品行政上の規制は必要でしょうから、それでいいかもしれません。しかしこのような大災害時には、医師もそうですが、アメリカやヨーロッパで普通に使われている実績のある治療薬については、例外的に使用を認めるべきです。この医師団やこれらの薬品を使うことでどれほどの人命が救えたことか。

危険物取扱等（運用緩和を）

大規模災害時には、ガソリンスタンドは使えません。電気が来なければ地下タンクからガソリンを汲み上げることは出来ません。

このような場合も、緊急事態に鑑みて、それなりの管理をすれば、野積みでの備蓄も可能なように法律や条例等の規制を、非常事での措置として、その規制の緩和をお願いしたいと思います。

議員の皆様にお願い（議員立法）

前記の厚労省の平時の規制は、大規模激甚災害時等に限り、緊急救命医療行為並びに未認可医薬品類の使用に関しては、その規制を緩和して、使用を認めていただきたい。その他に、消防法、道路交通法、運輸に関する各種法律、航空法（ヘリコプター等）、またそれらに関する、政令、施行規則　通達類も大規模災害時には規制緩和を図るよう法律を事前に是非、作っていただきたい。

特に野党の議員の方々にお願いをいたします。いつも政府や与党の非難をするばかりではなく、激甚災害時に際しては、人の命を救う。日本人のみならず、この国で暮らす全ての人命を救う。この一点のみで、与党とも妥協をして、共同で激甚災害時の各種規制等の運用の緩和措置に関する法律を、野党議員の方々も与党議員の皆様も相協力をして、何卒、議院立法で作ってほしいと思います、切なるお願いです。

通信事業に携わる方々へ

私が勤めていた会社の社員の方も、K社やS社やY社等の通信事業に関わる方々に、これも切なるお願いです。

阪神淡路大規模災害時と現在では通信事情がかなり異なってきております。ラストワンマイルが有線からスマホ等の無線に替わってきておりますが、その無線とて基地局以降は光ケーブル使用の有線です。そこが切れれば繋がなくてはなりません。また通信設備の耐震対策は進んでいると思いますが、大規模激甚災害時には何が起こるか分かりません。もし大災害が起こった時に、一刻も早く、一回線でも多く通信回線を復旧させる、その回復回線の先には、助かる命が確実にある、そのことを常に念頭に置いておいていただきたい。

必ずやってくる南海トラフ大地震、特に地震発生直後でのあなた方の仕事は、人の生死に直接係わる、極めて重要な仕事であることを深く認識して、来るべき災害に備えておいていただきたいと思います。

南海トラフ地震に備えて

前述いたしました通り私は、時間が許す限りミニバイクで神戸の被災状況を見て回りました。そこで悲惨な光景も随分見聞きいたしてまいりました。今思い出してみても、涙が溢れてくるような光景がいくつもありました。

当時の私がいた神戸支店ビルの西側は機材の搬入口となっていましたので大きく開けており、そこから、火災の中心部の新長田地区や鷹取地区がよく見えました。燃え盛る炎、あちらこちらに広がり点在する消防車や緊急車両の回転している赤色灯、一晩中鳴りやまない緊急車両のサイレンの音、それらの光景が今でも鮮明に脳裏に思い浮かびます。

ぶつかり合っている四つの大きな大陸プレートの、その上に乗っかっている日本列島。そしてそこで暮らす我々には地震は宿命。また地震だけではなく台風や集中豪雨も、非常に自然災害が多いこの日本の地で、日本人は自分だけ助かる、あるいは自分さえ良ければいいというのではなく、お互いがかばい合い助け合って暮らしてきました。それが日本人が日本人であるゆえん。そして私も日本人。

今私は、ライフワークとして雷被害を少しでもなくそうと、雷が落ちない、正確には落ちにくい落雷抑制装置ＰＤＣＥなる物の普及に努めており、少しでも世の中のためになればと思い、細やかにではありますが日々活動しております。

本当は来るべき大地震が起こったらお役に立ちたいのですが私も後期高齢者、もし大地震が起こっても、もうお役には立てません。ですから、せめてもの思いで阪神淡路大震災の経験を記録に残しました。私は、おそらく一般の方々より少し多くの経験をいたしました。その中で悔いも、反省することもいっぱいありました。しかしその震災を経験した者の一人として、今少しでも役に立つことが出来る事柄があるのであれば、それを書き残すことが私の義務だと思いました。

「災害は忘れた頃にやってくる」

いや違います。忘れてなくともやってきます。それは今日かも知れないし明日かも知れません。

「備えあれば憂いなし」

いいえこれも違います。どんなに備えていても憂いはたくさんございます。

近いうちに必ずやってくる南海トラフ大地震。想定される状況は阪神淡路大震災の地震による被害と東日本大震災の津波による被害とが同時に合わさった、しかも広範囲に起こる未曽有の激甚災害が想定されます。

必ずやってくる南海トラフ大地震に対して、一人でも多くの方の命を救いたい、ただただその思いだけで綴りました。この本の記述の中で、少しでもお役に立てることがあれば、また参考になることがあれば、それでもし、一人でも多くの犠牲者を出すことを防ぐことが出来れば、望外の喜びです。

著者プロフィール
坂本　一之（さかもと　かずゆき）
1947年７月生
愛知県豊川市出身
大阪府豊中市在住
元電気通信技術系社員

南海トラフ大地震に備える　ある電気通信事業従事者の阪神淡路大震災の記録

2025年１月17日　初版第１刷発行

著　者　坂本 一之
発行者　瓜谷 綱延
発行所　株式会社文芸社
〒160-0022　東京都新宿区新宿1－10－1
電話　03-5369-3060（代表）
03-5369-2299（販売）

印刷所　株式会社平河工業社

ISBN978-4-286-25864-5